# Concilier travail
# et vie privée

Groupe Eyrolles
61, Bd Saint-Germain
75240 Paris Cedex 05
www.editions-eyrolles.com

La société Prometis a été créée en 1999,
par Grégoire Cusin-Berche, actuel PDG.

La société s'organise autour de trois pôles :
– Internet, avec quatre portails dont super-secretaire.com,
super-commercial.com, super-comptable.com et super-rh.com.

– Édition, avec le magazine *Office Mag*
et une collection d'ouvrages professionnels.

– Événementiel, avec le salon national des secrétaires et assistant(e)s,
Assist'Expo et ses éditions régionales.

© Groupe Eyrolles, 2008
ISBN : 978-2-212-54083-3

Carole Caillaud

# Concilier travail
# et vie privée

**EYROLLES**

pr o m e t i s

# Table des matières

# Introduction

Concilier de façon harmonieuse vie professionnelle et vie privée, voilà le rêve de chacune d'entre nous. Se sentir épanouie, bien dans son travail et bien chez soi est un objectif naturel, raisonnable et réaliste. Seulement, cet équilibre n'est pas le même pour tout le monde. Ce guide a pour objectif de vous apporter des solutions pratiques pour mieux organiser votre vie afin d'atteindre l'équilibre que vous recherchez.

Alors que nous avons plus de temps libre que les générations précédentes, nous jonglons plus que jamais avec nos emplois du temps pour concilier le travail, la famille et les loisirs. À la question : « Trouvez-vous que votre travail rend plus difficile l'organisation de votre vie familiale ? », 40 % des hommes et 38 % des femmes répondent par l'affirmative. Un tiers des Français a donc du mal à concilier ces deux aspects de sa vie quotidienne : sa profession et sa vie de famille[1]. Les raisons de ce malaise sont multiples.

Tout d'abord, on a longtemps vécu sur un modèle familial d'entraide, où les générations cohabitaient. Les grands-parents étaient là pour aider les jeunes parents, les soulager dans les tâches ménagères et garder les enfants. La conciliation entre vie privée et vie professionnelle apparaissait donc moins difficile (même si ce système recelait lui aussi son lot de contraintes...).

---

1. « Histoire de vie-construction des identités », *Enquête Insee*, 2003.

1

De plus, la montée régulière du taux d'activité des femmes au cours des dernières décennies a conduit à un accroissement du nombre de familles dans lesquelles les deux conjoints travaillent. Les ménages sont ainsi plus nombreux à rencontrer des difficultés d'articulation entre leur vie familiale et professionnelle. Aujourd'hui, les femmes sont plus de 81 % à occuper un emploi et 64 % des couples travaillent tous les deux !

Enfin, notre époque a vu se développer un nouvel objectif de vie : la réalisation personnelle. Pour réussir sa vie, il ne suffit plus d'avoir un travail et une famille, il faut aussi s'accomplir en tant qu'individu, satisfaire ses besoins personnels, faire du sport, avoir une activité culturelle ou artistique, voyager, s'instruire, se distraire… Nos besoins se sont multipliés. D'où le manque de temps et le sentiment d'insatisfaction dans lequel nous nous trouvons. Grâce à la réduction du temps de travail, nous avons plus de temps libre, mais nous n'arrivons pas à mener de front nos vies professionnelle, familiale et personnelle. Les femmes sont les plus touchées par ce sentiment. Pourquoi ? Car malgré l'évolution du rôle du père, les femmes assument encore 80 % des tâches domestiques. Quant au temps parental auprès des enfants, les femmes y consacrent 41 heures par semaine contre 24 heures pour les hommes.

Notre société, consciente qu'elle doit s'adapter à ces nouveaux modes de vie, essaye d'apporter des solutions. Le droit du travail s'y est employé depuis une dizaine d'années. Le passage aux 35 heures hebdomadaires, notamment, fut adopté afin de permettre un meilleur partage du travail au sein du couple pour dégager du temps. Le congé parental d'éducation a, de son côté, été instauré en 1994 afin de donner la possibilité aux parents de consacrer plus de temps à leurs enfants dans leurs premières années. Le congé paternité, institué en 2002, répond au besoin des pères de s'investir davantage auprès de leurs enfants. Le développement du temps partiel est aussi une solution offerte, à condition qu'il ne soit pas subi : 30 % des femmes travaillent à temps partiel contre 5,4 % des hommes.

Ce bien-être que nous recherchons tous ne peut pas être réduit à une quête égoïste de confort personnel : les employeurs, conscients qu'un salarié est plus efficace quand sa vie est facilitée, font de plus en plus appel à des coachs afin d'aider leur personnel à mieux s'organiser. Développement personnel, efficacité professionnelle… font désormais partie du langage du monde du travail. La société et l'ensemble des secteurs de l'économie évoluent également en ce sens. Le mouvement est global, bien au-delà du seul monde du travail. Les services à la personne sont en augmentation considérable : il est ainsi désormais de plus en plus facile de se faire assister dans sa vie personnelle. Livraison à domicile, ouverture des magasins tard le soir, vente par correspondance, achat sur Internet et autres services sur-mesure ne sont plus un luxe réservé à quelques privilégiés. Signe des temps, ils sont même fréquemment accessibles depuis notre lieu de travail !

Il n'y a pas de recette miracle pour parvenir à cet équilibre si précieux. C'est à nous – à vous – d'apporter nos propres solutions, au quotidien, pour harmoniser nos deux vies, personnelle et professionnelle. Vous trouverez dans ce guide des pistes, des clés, des idées et des conseils à suivre afin de progresser sur ce chemin. Cet épanouissement tant recherché est à votre portée, à vous de le conquérir !

# Travail ou vie privée, quelle est votre priorité ?

Si nous vivions dans un monde idéal, nos journées seraient partagées entre un travail que nous adorons et suffisamment de temps libre pour mener une vie personnelle harmonieuse. Nous pourrions quitter le bureau assez tôt pour filer à la maison nous occuper de notre famille et de nos amis, sans jamais avoir d'états d'âmes pour les dossiers non bouclés. Notre emploi du temps serait limpide, avec d'un côté le travail, de l'autre côté la vie privée.

Difficile d'arriver à cet équilibre parfait ? Pas si sûr. Attention, nous n'avons pas toutes les mêmes exigences et les mêmes envies.

Pour trouver un équilibre entre votre travail et votre vie privée, vous devez donc définir clairement quels sont vos valeurs et vos objectifs. Pour certaines d'entre nous, l'important sera de pouvoir se consacrer entièrement à sa famille le week-end, la semaine étant réservée au travail et à l'épanouissement personnel. Pour d'autres, l'équilibre ne s'entendra que par une présence quotidienne auprès de ses proches (conjoint, enfants, amis…) pour mieux se consacrer à soi le week-end. Pour d'autres encore, le travail doit empiéter le moins possible sur la vie privée, quitte à mettre en veilleuse sa carrière professionnelle. En connaissant vos objectifs de vie, en fonction de vos aspirations personnelles, vous saurez quel est votre équilibre personnel. Une fois votre profil déterminé, vous pourrez piocher dans ce guide les solutions qui vous correspondent. Voici un test qui vous permettra de mieux vous connaître et de cerner vos priorités.

## Petit questionnaire...

*1. Ce soir, vous avez quitté le bureau avant tout le monde pour aller chercher votre petit dernier au centre aéré.*

A : Vous vous sentez coupable, et vous vous demandez ce que vont penser vos collègues et votre chef de service.

B : Tant pis pour le bureau, on ne va pas laisser un enfant grelotter de froid à l'heure du goûter !

C : Aucun problème, vous avez bouclé le dossier Maillard avant d'éteindre votre ordinateur.

*2. Votre boss demande que vous preniez vos vacances d'été en juillet cette année, alors que vous les prenez en août d'habitude.*

A : Pas question, s'il faut que quelqu'un reste au bureau en août, ce sera lui. De toute façon, la colonie des enfants est déjà réservée, et votre conjoint a, lui aussi, bloqué ses semaines de vacances en août.

B : Pas de problème, il suffit de changer vos dates de réservation de camping à La Baule et d'envoyer Justine chez ses grands-parents en août.

C : Vous allez trouver votre patron pour lui proposer de couper la poire en deux et d'étaler vos vacances du 15 juillet au 15 août, pour contrarier le moins possible vos projets familiaux.

*3. On vient de vous annoncer que votre entreprise ouvre des bureaux à l'autre bout de la France. On vous demande de partir là-bas vous en occuper.*

A : Vous proposez d'aménager votre emploi du temps pour ne pas chambouler votre organisation. Vous resterez dans vos locaux actuels mais vous vous engagez à vous déplacer chaque semaine sur le nouveau site.

B : Vous acceptez ! De toutes les façons, c'est ça ou perdre un boulot !

C : Vous refusez, vous avez votre famille, et vos amis ici. Vous n'allez pas changer votre vie et celle de votre famille pour votre travail.

**4. *Votre chef de service prend sa retraite en décembre prochain.***

A : Vous vous mettez sur les rangs, c'est une occasion à ne pas laisser passer !

B : Pourvu que le prochain ne soit pas pire !

C : Vous en profitez pour demander une réévaluation de votre poste.

**5. *Les bilans trimestriels doivent être présentés aux actionnaires lundi prochain. Il va falloir revenir au bureau ce week-end !***

A : Vous irez au bureau ce week-end et laisserez votre mari accompagner les garçons à leur match de rugby.

B : Vous emportez du boulot à la maison, comme ça, vous pourrez aller assister au match samedi après-midi.

C : Impossible. Vous avez promis à Martin d'assister à son premier match.

**6. *Votre mari vous invite en week-end pour votre anniversaire de mariage, mais vous devez partir le vendredi à l'heure du déjeuner.***

A : Vous proposez à votre manager de récupérer les heures perdues en restant plus tard la semaine suivante.

B : Personne ne s'en apercevra et puis le vendredi après-midi les clients sont déjà tous partis.

C : Vous posez une journée de vacances.

**7. *Votre mari a invité ses collègues pour regarder le match de football chez vous jeudi soir.***

A : Vous n'êtes pas heureuse à l'idée de devoir servir des bières et des pizzas, mais si cela peut lui ouvrir des opportunités professionnelles mieux vaut accepter.

B : Les enfants n'arriveront jamais à se coucher et il y a école demain. Vous lui demandez d'aller plutôt au bistrot avec ses copains de bureau.

C : Et si vous en profitiez pour organiser vous-même une soirée de votre côté avec vos copines ?

**8. Votre voisine de bureau a quarante ans le mois prochain.**

A : Vous lui déposerez une carte sur son bureau, c'est bien suffisant.

B : Vous n'allez pas gâcher du temps avec une fête : vous êtes là pour travailler.

C : Vous organisez une fête pour tous les gens qui ont leur anniversaire ce mois-ci. Cela créera un peu de convivialité au bureau.

**9. Votre manager vient de décrocher un nouveau client en Angleterre. Il vous demande de l'accompagner trois jours à Londres.**

A : Ce n'est pas idéal mais vous vous organisez au plus vite. Vous appelez votre belle-mère pour qu'elle vienne garder les enfants pendant ces trois jours.

B : Vous êtes malade à l'idée de laisser votre mari avec les enfants. Il ne va jamais s'en sortir !

C : Super, vous suivez le dossier depuis le début. Pas question de rater la suite ! Et vous pourrez peut-être en profiter pour faire remarquer vos compétences auprès de votre direction.

**10. Cette année, c'est décidé, vous faites du sport.**

A : Un cours de gym avec bébé vient d'ouvrir près de chez vous. Vous irez le mercredi à 18 heures avec Lucas.

B : Vous avez trop de travail pour trouver le temps de caser des heures de sport en semaine. Vous vous inscrivez dans un club d'équitation le dimanche.

C : Vous réussissez à convaincre deux de vos collègues d'aller une fois par semaine avec vous à la piscine à l'heure du déjeuner.

*11. On vient de supprimer les délicieux petits chocolats de la machine à café…*
A : Tant pis, vous apportez vos chocolats de chez vous.

B : Vous montez une cagnotte au bureau pour en acheter chaque mois afin que tout le monde en profite !

C : C'est normal : tout le monde n'en mange pas et cela coûte une fortune à la boîte.

*12. Votre employeur organise un arbre de Noël dans les locaux de votre entreprise.*
A : Quelle bonne idée ! Vous allez pouvoir présenter vos enfants à vos collègues et connaître les leurs. Vous proposez à votre employeur de faire venir un Père Noël pour animer l'opération.

B : Les enfants auront un cadeau, tant mieux ! Mais vous auriez préféré que cela se passe dans un autre cadre, le bureau ça ne fait pas très Noël… Heureusement que cette fête a lieu pendant les heures de travail.

C : Vous pourrez montrer votre bureau à vos enfants. Ils adoreront sûrement voir où travaille leur maman !

*13. Un séminaire est organisé par votre entreprise : un week-end à Marrakech. Au programme, conférences sur les stratégies de vente à mettre en place l'année prochaine, mais aussi piscine, hammam et balade à dos de chameau.*
A : Quelle bonne idée, vous allez développer vos compétences en marketing. Et le planning des conférences a l'air très intéressant.

B : Quelle idée de faire ça un week-end ! Et votre famille alors ? Ils n'ont pas réalisé que vous aviez une vie en dehors du bureau ?

C : Super, vous allez en profiter pour vous détendre un peu. Cela changera du cadre habituel du bureau, et vous pourrez peut-être nouer des liens plus décontractés avec votre hiérarchie. Vous vous inscrivez aussitôt avec votre collègue Élodie aux séances de soins du hammam.

*Reportez-vous page 171 pour les résultats.*

# Partie 1

# ORGANISEZ VOTRE VIE
# PROFESSIONNELLE

*P*our ne pas négliger votre épanouissement personnel et votre bonheur, il est important de ne pas vous laisser prendre au piège du débordement au travail. Pour cela, certaines règles simples d'organisation vous permettront de vous concentrer sur vos véritables priorités.

# Chapitre 1

# Optimisez votre emploi du temps

Un mauvais équilibre entre vie professionnelle et vie privée est souvent le signe d'une mauvaise gestion du temps. Prenez conscience que le temps est précieux ! C'est votre capacité à savoir gagner votre temps ou à en perdre qui va déterminer votre équilibre entre travail et vie privée. Une des premières causes de mal-être au travail est d'ailleurs le manque de temps. Il génère du stress et nuit à votre épanouissement jusque dans votre vie privée. En gérant efficacement votre temps, vous pouvez gagner trente minutes par jour ; ce qui revient à environ quinze jours par an ! Pour y arriver, vous devez identifier vos points à améliorer. Ils peuvent différer selon chaque personne.

## Choisissez le bon mode de transport

Trafic surchargé, transports en commun bondés, autant de facteurs qui jouent sur la gestion du temps ! Une contrainte qui génère fatigue, stress, inefficacité… La conciliation entre vie privée et vie professionnelle est par conséquent ardue : les heures passées en trajet empiètent sur le temps passé avec votre famille. En gagnant du temps sur vos trajets, vous réduirez votre stress et vous économiserez votre temps personnel. Il n'existe pas de solution miracle mais vous pouvez améliorer votre situation en choisissant avant tout le mode de transport le mieux adapté à vos contraintes !

**Temps de transports : les Parisiens sont les plus défavorisés**

Une étude publiée le 27 mars 2007 menée par l'INSEE sur les déplacements domicile-travail a mis en exergue le temps perdu par les cadres de la région parisienne dans les trajets. Ainsi, **pour un cadre sur dix**, c'est **plus d'une heure et demie passée sur la route** ! Contrairement aux employés qui travaillent plus près de chez eux (moins d'un quart d'heure de trajet par la route), selon l'étude, les cadres résident dans une commune située à plus de 26 minutes de leur lieu de travail. Trajets plus longs car la population se loge de plus en plus loin des centres-villes. La raison avancée : la flambée des prix de l'immobilier qui pousse les salariés à se « délocaliser » ! Or l'emploi a toujours été concentré dans les pôles urbains. En 2004, ces derniers regroupent 77 % des emplois salariés. Toutefois, les cadres domiciliés dans des zones rurales se déplacent plus rapidement que les résidents en pôles urbains même s'ils parcourent des distances plus longues. Pourquoi ? La vitesse de circulation y est plus rapide ! Un choix de vie.

## VOITURE OU TRANSPORTS EN COMMUN

La majorité des personnes allant travailler utilisent leur voiture. Le plus souvent parce qu'elles n'ont pas d'autres choix : lieu de travail mal desservi par les transports, trop grande distance entre leur domicile et leur lieu de travail ou nécessité de se déplacer dans la journée. En outre, la voiture est un lieu personnel où l'on se sent tranquille. Cependant ce mode de transport a un coût non négligeable, qu'il s'agisse de l'essence, de l'assurance, des frais de parking. Il est aussi cause de stress et de temps perdu à cause des embouteillages. Si vous le pouvez, favorisez donc les transports en commun (train, bus, tram, etc.) qui sont tout de même choisis par 18 % des travailleurs. Ils ont leurs atouts : un coût nettement moins élevé, parfois partiellement pris en charge par les employeurs et une liberté pendant le trajet puisque vous n'êtes pas accaparée par la conduite de votre véhicule. Vous pouvez en profiter pour lire, travailler, dormir, vous divertir, etc. Notre conseil : avant de vous ruer sur votre voiture, faites l'essai des transports collectifs et comparez (durée du trajet, prix, aides offertes par votre entreprise…). Vous accepterez mieux votre choix s'il est pris en connaissance de cause !

## LES DEUX-ROUES

Ils connaissent un succès grandissant dans les villes. Pourquoi ? Parce qu'ils permettent d'éviter les bouchons et de se garer facilement. Mais ils ont des inconvénients. Il faut de plus en plus se faufiler entre les voitures et ensuite trouver un emplacement protégé du vol qui est malheureusement très courant pour les deux-roues. Enfin, il ne faut pas craindre les intempéries. Question coût, l'acquisition d'un scooter est plus accessible que celle d'une voiture, mais sachez que cela ne vous épargnera pas le stress de la conduite en ville.

## LE VÉLO ET LA MARCHE À PIED

Une solution sportive qui a le vent en poupe surtout depuis le lancement des vélib' à Paris et des vélo'v à Lyon. Seule condition, votre lieu de travail ne doit pas être trop loin de votre domicile. Rien de tel que de commencer une journée de travail par un peu d'exercice physique et un grand bol d'air ! Et en plus vous contribuerez à protéger votre environnement !

## LE COVOITURAGE

Si la voiture est le seul moyen à votre disposition, pourquoi ne pas essayez le covoiturage ? Vous avez peut-être un voisin qui travaille dans le même quartier que vous ? Le principe : vous partagez votre voiture ou sa voiture en échange d'une contribution mensuelle au prix de l'essence. Ainsi, vous faites des économies et contribuez à protéger la planète des gaz d'échappement. Sur Internet, de nombreux sites mettent en contact des passagers et des conducteurs effectuant le même trajet.

### Covoiturage : les sites gratuits

Les sites gratuits de mise en contact entre conducteurs et passagers pour effectuer un voyage en commun :
– La roue verte : www.laroueverte.com
– 123 en voiture : www.123envoiture.com
– Easycovoiturage : www.easycovoiturage.com/index.html
– Covoiturage : www.covoiturage.com

# Contrôlez vos journées et vos semaines

## PLANIFIEZ VOS JOURNÉES

En planifiant votre temps, vous éviterez de vous laisser submerger par l'accumulation des tâches. Planifier ses journées, ce n'est pas seulement remplir son agenda. Toutes vos activités doivent être prises en compte. Commencez dès votre arrivée à votre travail à prendre un quart d'heure pour faire la liste des activités envisagées pour la journée. Le plus simple est de préparer une feuille de charge de travail quotidienne sous forme de tableau. Formulez-les de manière précise et estimez la durée de chacune. Vous pouvez procéder de la même manière pour chaque semaine et chaque mois.

### Deux astuces pour gagner du temps !

**1.** Le matin, démarrez votre journée par le plus important, même si cela prend le plus de temps. Une fois le travail primordial accompli, vous serez soulagée, fière et pleine d'énergie pour faire vite toutes les petites choses qui prennent beaucoup de place. Vous aurez ensuite tout le loisir pour la lecture des e-mails, les rappels téléphoniques, les notes plus ou moins urgentes...

**2.** Ne vous laissez pas disperser par Internet et les e-mails ! Internet n'a pas que des bons côtés et les salariés se plaignent souvent de passer une grande partie de leur journée à gérer le flot d'e-mails qu'ils reçoivent. Pour ne pas perdre votre concentration, désactivez votre boîte de réception pendant que vous effectuez une tâche difficile et ne consultez votre boîte qu'une fois que vous l'aurez terminée.

## DÉFINISSEZ LES DEGRÉS DE PRIORITÉ

Chacune des activités définies doit ensuite se voir attribuer un degré de priorité. Pour cela, utilisez des critères d'urgence et d'importance. Fixez par exemple quatre niveaux :

- niveau 1 : urgent et important ;
- niveau 2 : important et non urgent ;
- niveau 3 : urgent et non important ;
- niveau 4 : non urgent et non important.

Les niveaux 2 et 3, peuvent être utilisés pour négocier un délai ou le report d'une autre tâche. Marquez également la ou les activité(s) prioritaire(s) sur la journée.

EXEMPLE DE TABLEAU

| Activité/tâche | Durée | Matin ou après-midi | Priorité |
|---|---|---|---|
|  |  |  |  |
|  |  |  |  |

## CONSTRUISEZ VOTRE PLANNING POUR LA JOURNÉE

Pour bien organiser votre journée de travail, faites un planning. Commencez par préciser l'heure de début et de fin de journée. Il est important de se projeter dans une journée de travail bien définie en temps. Si vous indiquez : « Dernière limite 18 heures », vous aurez plus de chance de terminer effectivement dans cette tranche horaire. Si vous vous dites : « Ce soir, je vais finir tard », vous avez des chances de prolonger la soirée… Répartissez les activités en les équilibrant sur la matinée et l'après-midi. Et notez-les sur votre planning de la journée avec leur durée. Pour chaque activité, préparez les documents nécessaires. Vous économiserez en temps si vous n'avez pas à rechercher les outils dont vous avez besoin lorsque vous passerez d'une tâche à une autre. Sachez en outre que votre degré de concentration et d'efficacité n'est pas le même tout au long de la journée. C'est très souvent en début de matinée que l'on est le plus performant. Même si ce n'est pas toujours plaisant, débutez de fait par les tâches les plus ardues ou les plus délicates. Votre esprit sera ainsi libéré et vous pourrez rentabiliser le reste de votre temps de travail.

## GARDEZ DU TEMPS EN RÉSERVE

Il faut vous assurer que la somme des activités est en dessous des 100 % du temps de travail. Gardez toujours une plage horaire vierge pour faire face aux imprévus. Vous aviez, par exemple, mesuré que votre temps passé en gestion d'imprévus était en moyenne de deux heures et vous avez prévu la fin de journée à 18 heures, alors vous programmerez des tâches jusqu'à 16 heures seulement. Ainsi, quand vous êtes interrompue au cours de la journée, vous pouvez aborder avec confiance la tâche supplémentaire car ce temps était en quelque sorte « programmé ». Vous travaillerez alors dans un état d'esprit différent, sans stress. Vous saurez d'avance quelle activité peut être reportée en cas de problème. Vous avez prévu deux heures environ en imprévus. Ce jour-là, les interruptions ont été très importantes et le temps passé est supérieur aux deux heures disponibles. Vous savez déjà quelle activité peut être reportée au lendemain. Encore une fois, votre manière d'aborder la situation sera différente, car vous garderez l'impression d'avoir la possibilité d'agir, vous n'aurez pas cette désagréable impression d'être submergée.

Vous saurez d'avance ce qui peut être ajouté sur les temps creux. Cet autre jour, vous avez seulement une heure d'interruption… Il vous reste du temps. Vous aurez là aussi anticipé : vous avez déjà listé les travaux qui pouvaient être démarrés ce jour. Vous aurez cette fois le sentiment agréable de prendre de l'avance.

### Ne négligez pas les temps de pause

Prévoyez dans votre journée des temps de pause. Ils vous permettront de recharger vos batteries et de gagner en efficacité. Après une heure seule à la terrasse d'un café ou une marche dans la campagne ou dans la ville, vous vous videz l'esprit. De retour au bureau vous effectuerez plus rapidement votre travail. Laissez des blancs dans votre agenda. Vous serez surprise par le potentiel créatif de ces moments et par le repos qu'ils vous apporteront.

# Faites preuve de discipline et de confiance en vous

En travaillant mieux mais pas plus, vous améliorerez votre efficacité et gagnerez du temps pour vous. Cela exige une certaine discipline et une confiance en soi.

## RANGEZ VOTRE BUREAU

Selon plusieurs études, chaque personne consacre en moyenne plus de 150 heures par an à rechercher des informations mal classées. Ranger son poste de travail aide à avoir les idées plus claires et permet de mieux se concentrer. Non seulement cela vous fera gagner du temps, mais le rangement garantit la confidentialité de vos documents, renforce votre efficacité et votre productivité, et diminue de fait votre stress. Par ailleurs, en cas d'absence ou de maladie, vos collègues pourront prendre le relais sur certains dossiers sans perte de temps.

### Une fois par semaine

Chaque semaine, prévoyez quelques instants pour mettre de l'ordre dans votre bureau, vos dossiers et votre ordinateur. N'hésitez pas à faire le ménage en jetant régulièrement tous les papiers inutiles.

### Au quotidien, classez et soyez méthodique

La recherche d'un document ne devrait pas vous demander plus de 10 secondes ! Pour y parvenir, adoptez une méthode de classement efficace et quotidienne. Chemises cartonnées, dossiers suspendus, tiroirs, les moyens de classer ne manquent pas. Mettez en place des codes couleurs dans votre classement afin d'avoir des repères visuels. Inutile de tout imprimer, vous pouvez consulter ou archiver certains de vos dossiers ou rapports sous leur version électronique dans votre ordinateur. Sur votre table de travail, ne doivent se trouver que les dossiers en cours et les dossiers en attente. Les dossiers dont vous vous servez tous les jours doivent être à portée de main. Rangez dans des armoires ou tiroirs ceux dont vous vous servez le moins. Disposez sur un rayonnage à proximité de votre bureau tous les manuels, dictionnaires, guides ou catalogues dont vous vous servez au quotidien. Remettez systématiquement à leur place, les documents, une fois leur utilisation terminée. Consacrez dix minutes tous les soirs au rangement des dossiers. Vous constaterez très vite le plaisir de retrouver chaque matin un bureau net !

## Rangez aussi votre ordinateur !

Videz tous les jours votre messagerie électronique de tous les e-mails lus et ne conservez que les plus importants. Classez-les par thème, mots clés ou par nom de l'émetteur. Les logiciels vous offrent de grandes possibilités de classement de vos données. Profitez-en ! Créez des répertoires, dossiers, sous-dossiers pour ranger vos documents. Pour vous y retrouver, donnez des noms explicites aux fichiers que vous archiverez sur le disque dur de votre ordinateur.

## N'HÉSITEZ PAS À DÉLÉGUER

L'incapacité à déléguer est un des obstacles pour trouver un équilibre entre vie professionnelle et vie privée. Si vous êtes capable de déléguer de manière efficace, vous aurez plus de marge de manœuvre pour déterminer vos propres objectifs ainsi que pour organiser, diriger et accompagner votre équipe. Déléguer implique que personne n'est indispensable et ouvre des perspectives à vos collègues, qui peuvent évoluer et faire leurs preuves. En déléguant, vous souderez votre équipe de travail, responsabiliserez chacun et serez donc plus sereine et moins fatiguée.

## APPRENEZ À REFUSER

Votre manager, vos collègues, vos clients… dans la vie professionnelle, vous êtes tout le temps sollicitée. Que ce soit pour un service, un coup de main de dernière minute, un déjeuner avec vos collègues alors que vous êtes débordée… En ne sachant pas dire « non », vous finissez par laisser votre présence au travail empiéter sur votre vie privée. Un grand nombre de personnes se considèrent comme toujours débordées et surchargées de travail car il leur est difficile de dire « non ». Mais il est possible de changer cette habitude. Quand vous savez que vous n'avez pas le temps de faire un travail, mieux vaut le dire tout de suite, plutôt que d'accepter et de le regretter. En acceptant vous risquez au final de ne pas être gagnante : le travail sera peut-être bâclé faute de temps ou, en tout cas, de moins bonne qualité. Dites-vous que savoir refuser, c'est savoir s'imposer. Cela ne peut qu'améliorer vos conditions de travail – meilleure gestion de votre temps, meilleure qualité de travail –, et vos relations avec vos collaborateurs. Pour exprimer votre refus, soignez la forme. Vous constaterez qu'il ne sera alors pas mal perçu. Si vous êtes convaincue intérieurement de votre réponse sans chercher à vous justifier, à vous excuser ou à vous lancer dans des explications interminables, votre refus n'en sera que mieux accepté. Vous n'avez pas besoin d'adopter un ton agressif pour vous imposer. Rien ne vous interdit cependant de donner des arguments à votre interlocuteur pour expliquer votre refus et lui permettre ainsi de mieux accepter votre réponse. Si vous avez du mal à exprimer ce refus, apprenez des phrases types qui vous éviteront d'avoir à chercher vos mots. Voici par exemple quelques phrases qui pourront vous servir :

- « J'aimerais pouvoir vous aider mais j'ai des urgences incontournables aujourd'hui. »

- « Êtes-vous réellement sûr que vous avez besoin de moi à ce stade du projet car je ne suis pas disponible dans l'immédiat ? »

- « Je ne suis pas en mesure d'effectuer cette tâche aujourd'hui mais je reviendrai vers vous dès demain si cela est toujours nécessaire. »

### Peut-on refuser une réunion à une heure tardive ?

Votre boss a fixé une réunion à 18 heures alors que vous devez récupérer votre enfant à 18h30 à la crèche. La réponse dépend essentiellement de votre statut dans l'entreprise. Si vous avez des horaires fixes, vous pouvez tout à fait refuser. Reportez-vous à votre contrat de travail qui doit, en principe, préciser vos horaires. En revanche, si vous êtes cadre, vous n'avez pas d'horaires fixes et fonctionnez sur un système de forfait jour. Il vous sera alors difficile de dire non, sauf de manière exceptionnelle si vous n'avez pas d'autres solutions. Pensez à négocier ce point lors de votre retour de congé de maternité.

## APPRÉCIEZ VOTRE TRAVAIL

Lorsque le travail n'apporte aucun plaisir, il peut faire naître du stress et de la tristesse. Toutes celles qui ont la possibilité d'exercer un métier qui leur plaît se sentent plus épanouies dans leur vie. Il est toujours possible de rendre son travail plus plaisant. Cela permettra d'augmenter votre créativité, d'améliorer vos relations et de mieux réussir. Ce qui compte par-dessus tout pour donner un sens à votre travail ou vous ragaillardir quand vous avez un passage à vide, c'est de croire en l'importance de ce que vous faîtes. Il faut croire en la nécessité et la valeur du service que vous rendez en travaillant. Pour cela, notez sur une feuille tous les points positifs qui vous plaisent dans votre travail.

Chapitre 2
# Profitez des solutions offertes
# par le droit du travail

Changer vos horaires, passer à temps partiel, travailler à domicile… le droit du travail français vous offre de nombreuses possibilités d'aménagements de votre temps de travail. Selon vos besoins, des solutions adaptées existent. Encore faut-il savoir ce que vous avez le droit de faire.

## Gérez votre temps de travail : les aménagements possibles

### CHANGEZ VOS HORAIRES

Travailler de 7 h 30 à 16 h 30, au lieu de 9 heures à 18 heures est-ce possible ? Pour des raisons familiales ou d'organisation personnelle, il peut être plus pratique pour vous de travailler plus tôt le matin afin de sortir plus tôt et d'être présente à la sortie de l'école pour récupérer vos enfants. Ou encore de réduire votre pause déjeuner d'une demi-heure pour partir plus tôt. Votre employeur n'est cependant pas tenu d'accepter. C'est à vous de le convaincre que cela ne nuira pas à votre travail et qu'au contraire, vous en serez d'autant plus efficace. En outre, si cela est envisageable dans certaines professions, cela peut ne pas correspondre au rythme de votre entreprise. Ainsi, si vous êtes en contact avec la clientèle et que votre entreprise ferme ses portes au public à 19 heures, il est certain que vous ne pourrez pas partir plus tôt. Avant de faire votre demande à votre manager, notez sur un papier tous les avantages de ce changement et les éventuels inconvénients qu'il pourrait soulever à l'encontre de votre demande. Simulez avec votre conjoint, ou un(e) ami(e), un entretien au cours duquel ce dernier se mettra à la place de votre employeur. Vous serez plus détendue et mieux armée pour défendre votre position et le convaincre le jour J. S'il vous semble hésitant, proposez-lui de faire un essai pendant un mois et de faire le point.

**Témoignage :** Emma, 36 ans (Blois)

« Quand mon fils aîné est entré à l'école, **j'ai négocié** avec mon manager **un changement de mes horaires.** Mon mari commence son travail plus tard que moi et s'occupe des enfants le matin. Je suis passée de 9 heures/18 heures à 7 heures/16 heures. Certes, je me lève à 6 heures mais cela ne me dérange pas car je suis plutôt du matin. Je profite du calme matinal pour me consacrer aux tâches qui requièrent beaucoup de concentration comme l'écriture. Il n'y a personne pour me déranger ni dans mon bureau, ni au téléphone. L'après-midi je m'occupe des appels téléphoniques et des prises de rendez-vous. Côté transport, je ne subis plus les embouteillages, que ce soit le matin ou le soir, grâce à mes horaires décalés. Je suis au bureau en quinze minutes ! En conséquence, mon temps de trajet est divisé par deux ou trois et, finalement, je perds moins de temps à la fois sur le plan professionnel et personnel. Je suis plus sereine. Ces nouveaux horaires me permettent d'avoir une activité professionnelle à responsabilités et une vie de famille relativement équilibrée puisque, jeune maman, je suis confrontée à la crèche, la nourrice ou l'école qui ferment tôt. C'est mieux pour ma famille et puis ce n'est pas le matin que je me consacrais réellement à mes enfants… »

## PASSEZ À TEMPS PARTIEL

Vous en avez assez de courir entre votre boulot, l'école et la crèche toute la semaine. Vous aimeriez avoir plus de temps pour mieux vous occuper de vos enfants. Mais également consacrer un peu plus de temps pour vous (piscine, coiffeur, shopping…). Vous envisagez de passer à temps partiel.

**Témoignage :** Camille, 34 ans

« J'ai opté pour cette solution après la naissance de mon deuxième enfant ; je travaille quatre jours au lieu de cinq. Grâce à ce système, je fais mes courses et mon ménage le vendredi. Mon week-end est moins chargé en tâches ménagères, ce qui me permet de profiter un peu plus de mon noyau familial à ce moment-là. J'en profite aussi pour faire les activités que j'aime, comme de la couture, de la lecture, de la déco, de la cuisine… Certes, mon salaire a diminué mais j'ai économisé en frais de garde ce jour-là et au final, je me sens beaucoup plus épanouie. »

Que dit la loi ? Votre employeur est-il obligé d'accepter un temps partiel ? Que va-t-il se passer pour votre salaire ?

## *À quoi correspond un temps partiel ?*

Le salarié à temps partiel est celui dont la durée du travail, obligatoirement mentionnée dans son contrat de travail, est inférieure à la durée légale (35 heures par semaine) ou aux durées conventionnelles ou pratiquées dans l'entreprise. Aucune durée minimale n'est imposée. Dans une entreprise qui applique la durée légale hebdomadaire du travail fixée à 35 heures, sont considérés comme à temps partiel les salariés dont la durée du travail est égale à 34 heures ou moins.

## Quand peut-on passer à temps partiel ?

Les salariés à temps plein peuvent demander à passer à temps partiel dans trois cas.

### Le « temps partiel pour raisons familiales »

Vous pouvez prendre un temps partiel sur l'année pour répondre aux besoins de votre vie familiale. L'objectif est d'obtenir une réduction de la durée du travail sous forme d'une ou de plusieurs semaines de congé. C'est la possibilité de passer de cinq semaines de congés légaux à sept, huit, voire dix semaines sur l'année. Cette formule permet par exemple de ne pas travailler pendant les vacances scolaires. Votre demande doit être motivée par la vie familiale : le plus souvent, l'arrivée d'un nouvel enfant. Vous devez adresser une lettre recommandée avec accusé de réception à votre employeur. Il n'est pas tenu d'accepter. S'il refuse, il doit motiver son refus par des raisons objectives : incompatibilité du rythme de production, absence d'emploi disponible... En cas d'accord, un avenant au contrat de travail précise la ou les périodes non travaillée(s) et, le cas échéant, un lissage des rémunérations sur l'année. L'employeur ne peut plus modifier les dates fixées pour les semaines non travaillées sans votre accord et doit rédiger un nouvel avenant à votre contrat.

### Le temps partiel « choisi » ou « modulé »

Quel qu'en soit le motif, vous pouvez demander à réduire vos journées ou vos semaines de travail. Vous devez obtenir l'accord de votre employeur. Les conditions de mise en place de ce type de temps partiel sont, en général, fixées par convention collective ou accord collectif d'entreprise (procédure à suivre, délai à respecter...). À défaut de texte conventionnel, vous devez adresser votre demande par lettre recommandée avec accusé de réception six mois au moins avant la date envisagée pour l'application des nouveaux horaires. La lettre doit mentionner la durée de travail et le point de départ du nouvel horaire de travail. Votre employeur doit répondre, sous les mêmes formes, dans les trois mois qui suivent la réception de votre demande. Il ne peut pas refuser votre passage à temps partiel sans donner de raisons valables pour ce refus (absence d'emploi disponible ou préjudice à la bonne marche de l'entreprise). Avant de lui adresser votre demande par écrit, soumettez-lui votre projet par oral en sollicitant un entretien avec lui. Vous aurez plus de chance de le convaincre et de lui présenter vos arguments. Si votre demande est acceptée, vous passerez à vos nouveaux horaires à la date fixée. En aucun cas votre employeur ne peut vous imposer un autre horaire de travail.

## Le temps partiel lié à un congé spécifique

Pour faire face à certaines situations de la vie, le droit du travail octroie des congés aux salariés qui peuvent être pris sous la forme d'un temps partiel. Par exemple, pour élever un enfant dans le cadre du congé parental ou en cas de maladie, accident ou handicap grave d'un proche ou d'un enfant, dans le cadre du congé de présence parentale ou de solidarité familiale, pour créer ou reprendre une entreprise, dans le cadre du congé de création d'entreprise (voir chapitre 2, « Les congés à votre disposition »). C'est un droit pour le salarié. Si vous remplissez les conditions pour en bénéficier, votre employeur ne peut pas refuser. En revanche, ils sont limités dans le temps. Ainsi votre employeur ne peut pas vous refuser un temps partiel dans le cadre d'un congé parental d'éducation. Vous travaillerez alors, selon votre choix, entre seize et trente-deux heures par semaine. Ce congé est à prendre soit dans la foulée de votre congé de maternité – dans ce cas, il faut avertir l'employeur au moins un mois avant la date de reprise –, soit avant le troisième anniversaire de votre enfant. Vous devez alors prévenir l'employeur deux mois avant le début du congé parental. Si vous avez choisi un congé parental total, il vous est aussi possible de le transformer ensuite en congé partiel, et ce jusqu'au troisième anniversaire de l'enfant.

bon à savoir

Un salarié à temps complet est prioritaire, s'il le souhaite, **pour prendre un emploi à temps partiel** disponible dans l'établissement ou dans l'entreprise correspondant à sa catégorie professionnelle.

## *Quel statut et quel salaire si je passe à temps partiel ?*

Le temps partiel doit faire l'objet d'un avenant (document écrit valant nouveau contrat) au contrat de travail initial. Cet avenant doit préciser : les modalités du temps partiel (quelles sont les périodes travaillées et celles non travaillées), et le nombre d'heures complémentaires que vous pourrez éventuellement effectuer.

### Votre salaire

Votre salaire sera réduit proportionnellement à la réduction du temps de travail : si vous passez à 4/5, soit 80 %, votre salaire diminuera donc de 20 %. En revanche, si vous effectuez des heures au-delà de votre temps de présence, elles seront comptées comme des heures « complémentaires » et non « supplémentaires » : elles seront donc payées au tarif normal, et non plus chères. Le nombre d'heures complémentaires effectuées au cours d'une même semaine ou d'un même mois est limité. Il ne peut être supérieur au dixième de la durée hebdomadaire ou mensuelle prévue au contrat. Une convention ou un accord collectif peuvent porter cette limite à un tiers. Les heures complémentaires au-delà du dixième donnent droit à une majoration de salaire de 25 %.

### Vos droits de salariée

Vos droits de salariée restent les mêmes que pour un temps plein, ainsi que le nombre de congés payés. Par exemple :

- la durée de votre période d'essai ne peut être d'une durée supérieure à celle des salariés à temps plein ;
- votre rémunération est proportionnelle à celle du salarié qui, à qualification égale, occupe à temps complet un emploi équivalent dans l'entreprise ou dans l'établissement ;
- votre ancienneté est calculée comme si vous occupiez un temps plein ;
- la durée de vos congés payés est identique à celle dont bénéficient les salariés à temps plein (au moins cinq semaines).

## Et les autres avantages

### Déjeuner

S'il y a des Chèque-Restaurant dans votre entreprise, vous y avez droit pour les jours où votre horaire de travail couvre la période du déjeuner. Ainsi, si vous travaillez de 10 heures à 14 heures, vous en bénéficierez, mais pas si vous travaillez de 8 heures à 12 heures.

### Transport

Si votre emploi se trouve en Île-de-France, vous avez droit, comme les autres salariés, au remboursement de la moitié de votre Carte orange, à une condition : vous devez effectuer au minimum un mi-temps. Si, par exemple, votre entreprise est aux 35 heures, il vous faut travailler au moins 17,5 heures. Sinon, le remboursement de la Carte orange est calculé au prorata du nombre d'heures effectuées.

## TRAVAILLEZ DE CHEZ VOUS

Pour gagner du temps, travailler chez soi peut être une solution. Qui n'a pas rêvé de sauter de son lit au bureau sans passer par la case transport ? Fini le stress et les embouteillages, on peut installer son bureau devant son jardin, profiter d'une ambiance de travail calme et sereine, aller chercher ses enfants à la sortie de l'école, prendre ses rendez-vous chez le médecin dans la journée, bref, gérer son temps comme on veut... Le travail à domicile exige cependant une organisation et une discipline qui ne convient pas à tout le monde. On peut vite se laisser déborder et en perdre tous les avantages. Il faut également être autonome et supporter la solitude que cela entraîne. Finies les pauses-café avec les collègues ! Le télétravail ne peut pas non plus s'appliquer à tous les métiers et les secteurs. Cependant toutes les activités nécessitant l'utilisation de l'ordinateur, du téléphone ou d'Internet conviennent. Enfin, il faut choisir un statut, rester salariée ou se mettre à son compte n'ont pas les mêmes conséquences, enjeux ou risques. Avant de vous lancer, assurez-vous que le télétravail ou travail à domicile est fait pour vous !

## Télétravail : quel type de métier ?

Un ordinateur, une connexion Internet et un téléphone suffisent pour travailler à la maison. Ainsi, de plus en plus de services s'ouvrent au télétravail : assistante, secrétaire commerciale, comptable, télévendeuse, conseillère, enquêtrice.

Il est possible de vendre de nombreux produits et services en télétravail.

Tout d'abord toutes les prestations de service immatérielles qui font appel à la bureautique pour réaliser le produit fini. En effet, la plupart des travaux administratifs, informatiques, juridiques et certaines professions commerciales peuvent s'effectuer de chez soi : secrétariat, traduction, publication assistée par ordinateur, développement informatique, graphisme, conseil, expertise, vente, marketing, prospection, organisation de voyages, d'événements, assistance administrative, assistance à l'export. La télétravailleuse réalise le travail chez elle sur son ordinateur, puis l'envoie à son client. La vente de produits matériels est également possible : l'activité développée chez soi consiste alors à bâtir une boutique virtuelle, un site marchand simple, pour vendre des produits qui sont envoyés au client une fois la vente conclue : artisanat d'art, brocante en ligne, vente de produits rares et originaux… Le site doit proposer des produits qui ne se trouvent pas dans les commerces traditionnels et qui se transportent facilement.

Enfin, certaines professions s'exercent essentiellement à domicile comme dans le secteur du livre : correctrice, traductrice…

Bien choisir le produit ou le service que l'on va vendre est essentiel. C'est ce choix qui va en grande partie décider du succès ou de l'échec de l'entreprise. Ce choix doit respecter quelques règles simples :

- choisir une activité que l'on connaît bien ;
- choisir une activité que l'on fait avec plaisir ;
- proposer une offre innovante et originale ;
- faire évoluer son offre en fonction des réactions des clients.

## Êtes-vous faite pour le télétravail ?

Le télétravail exige des qualités particulières.

### Être rigoureux et organisé

Avez-vous un caractère compatible avec le télétravail ? Autodiscipline, sens de l'organisation, rigueur sont des qualités primordiales. Certaines personnes n'arrivent pas à travailler de façon autonome chez elles. En général, plus une personne a d'expérience professionnelle, plus c'est facile pour elle. Il faut en effet être capable de se prendre par la main, de se fixer des objectifs et de se motiver toute seule. Ce n'est pas parce que vous n'êtes pas au bureau que le travail demandé ne doit pas être réalisé en temps et en heure. Il vous revient donc de vous organiser, voire de vous autodiscipliner. Par exemple, ne restez pas en pyjama. Et nombreuses peuvent être les tentations : appeler un(e) ami(e), regarder la télé, grignoter, remettre au lendemain (ou au week-end) ce qui aurait pu être fait dans l'heure… Vous devrez vous imposer une vraie discipline avec un rythme et des horaires de travail. Posez-vous les bonnes questions :

- Êtes-vous rigoureuse ?
- Suffisamment motivée pour travailler seule ?
- Aimez-vous vraiment bosser de façon autonome sans avoir besoin de directives ?
- Savez-vous le temps qu'il vous faut pour exécuter telle ou telle tâche ?
- Avez-vous l'esprit pratique ? Savez-vous réagir face à un imprévu ?
- Par exemple, que faites-vous si votre ordinateur tombe en panne ?

## Se fixer des règles

Avoir un espace rien qu'à soi qui délimite votre espace de travail est indispensable. Faire garder vos enfants aussi ! Si vous pouvez vous offrir la liberté d'aller les chercher à l'école, pas question de faire la nounou en même temps. Votre entourage doit comprendre que vous êtes à la maison pour travailler. D'où l'intérêt d'avoir un espace où vous pouvez vous isoler. Les frontières doivent être claires. Il est exclu de laisser traîner ses dossiers sur la table de la salle à manger ! Or il n'est pas toujours facile de faire comprendre aux autres (famille, enfants, amis) que vous travaillez « vraiment » à la maison. À vous de leur expliquer que vous êtes disponible mais « en dehors des heures de bureau »… L'idéal ? Une pièce bien à vous, si possible avec une porte pour vous isoler, et une deuxième ligne téléphonique que vous mettrez sur répondeur à heure fixe pour recueillir les messages extraprofessionnels.

## Ne pas craindre la solitude

Travailler de chez soi engendre inévitablement une certaine solitude que certaines personnes peuvent ne pas supporter. Il existe cependant des astuces pour ne pas se couper du monde. Tout d'abord, en n'hésitant pas à entretenir son réseau professionnel : envoyer des e-mails à ses collègues, téléphoner à son manager pour faire le point, assister aux réunions de service, provoquer des déjeuners… afin de garder le contact, malgré la distance. D'autre part, cela exige une période d'adaptation. On peut ensuite se faire de nouvelles relations avec les gens de son quartier puisqu'on y passe ses journées. Même si ce sont des relations extraprofessionnelles, on peut discuter « de la pluie et du beau temps » comme on le faisait avec ses collègues de bureau.

## Choisir un statut

Le télétravail permet de gagner sa vie en restant chez soi. Cela signifie qu'un tiers, employeur ou client, vous envoie de l'argent pour un travail réalisé chez vous. Il existe ainsi deux manières d'exercer le télétravail :

- comme salariée d'une entreprise, en exerçant son activité de chez soi ou dans un bureau satellite de la société situé près de chez vous (comptables, commerciaux, chargés de relations publiques, consultants, personnels faisant de la saisie, du traitement de texte, etc.) ;

- comme travailleuse indépendante, en effectuant des prestations de service auprès de ses clients (secrétariat, informatique, traduction, etc.).

### Rester salariée

C'est la solution la moins risquée mais elle n'est pas entrée dans les mœurs de beaucoup d'entreprises. Certains grands groupes acceptent que leurs collaborateurs travaillent en alternance à leur domicile et au sein de la société. Vous pouvez toujours tenter votre chance auprès de votre employeur en lui en présentant les avantages. Vous serez plus concentrée, productive et souple si vous n'avez pas de transport à effectuer ou de pauses-café avec les collègues. Enfin, votre bureau libéré fera gagner de l'espace et réduira les dépenses de votre employeur.

S'il accepte, votre contrat devra alors être modifié par voie d'avenant, afin de prévoir les modalités de la nouvelle organisation. Il doit indiquer les modalités d'exécution du travail, y compris les informations propres au télétravail, votre rattachement hiérarchique, la façon dont sera évaluée votre charge de travail, l'équipement dont vous disposerez, etc. Les frais d'installation sont, par exemple, à la charge de votre employeur. Le temps de travail est souvent difficile à définir. Beaucoup d'entreprises ont opté pour le système des plages horaires pendant lesquels l'employeur doit pouvoir vous joindre.

En tant que télétravailleuse, vous bénéficiez des mêmes droits et avantages légaux et conventionnels que les salariés travaillant dans les locaux de l'entreprise. Toutefois, votre employeur peut conclure des accords complémentaires pour tenir compte des spécificités du télétravail. Ainsi, plutôt que d'imposer un certain nombre d'heures de travail par jour, dont le respect serait difficilement vérifiable, l'employeur pourrait fixer des objectifs quantifiables. La télétravailleuse a droit aux mêmes formations et au même déroulement de carrière que les autres salariés. Enfin, elle bénéficie bien entendu de la même protection sociale et des mêmes droits syndicaux.

## Se mettre à son compte

Il est cependant rare et difficile de trouver un emploi salarié en posant comme condition que l'on veut rester chez soi. L'autre solution, plus réaliste, pour devenir télétravailleuse est de créer sa propre affaire, sa propre activité. Il faut devenir entrepreneur !

Vous pouvez travailler soit en libéral (travailleuse indépendante), soit en créant une entreprise (individuelle, SA, SARL, association, etc.). Le congé pour création ou reprise d'entreprise peut vous permettre de tenter votre chance sans perdre votre place en tant que salariée *(voir page 69, chapitre 2)*. Attention, car la travailleuse indépendante ne jouit d'aucun droit spécifique vis-à-vis de(s) l'entreprise(s) pour la (les)quelle(s) elle travaille. Elle a des rapports de fournisseur à client. C'est un vrai chef d'entreprise ! Vous aurez également des charges sociales à payer. Vous devrez ainsi cotiser à l'URSSAF, à l'assurance-maladie et à la retraite. N'oubliez pas de les provisionner ! Enfin, ne négligez pas le côté commercial : c'est à vous de trouver vos clients et de les fidéliser.

## *L'entreprise individuelle et les travailleurs indépendants*

### Intérêt et inconvénients

C'est la forme la plus petite et la plus simple de l'entreprise. Au départ, choisir l'entreprise individuelle reste la meilleure solution – surtout au niveau de tout ce qui est comptable – pour commencer une activité. S'établir comme travailleuse indépendante requiert très peu de formalités. Si votre activité prend son envol, il sera alors nécessaire de vous tourner vers la SARL. L'aspect fiscal du choix est déterminant puisqu'il s'agit d'arbitrer entre l'impôt sur le revenu et l'impôt sur les sociétés.

Son principal inconvénient, la confusion des patrimoines individuel et personnel, a été atténué par la loi Dutreil pour l'initiative économique, qui prévoit la possibilité de mettre la résidence principale de l'entrepreneur individuel à l'abri en cas de faillite.

### Les formalités

Les formalités sont réduites au minimum. Vous devrez remplir un imprimé PO à l'URSSAF ou au centre de formalités des entreprises (CFE). Au bas de l'imprimé, vous demanderez, en cochant la case correspondant à votre métier, à être immatriculée au registre du commerce et des sociétés (RCS, pour les activités commerciales et industrielles).

Le statut social de l'entrepreneur individuel

L'entrepreneur individuel appartient au régime des non-salariés (cotisations minimales). Il existe une possibilité de cotiser par ailleurs à un régime complémentaire d'assurance vieillesse et d'invalidité-décès. Attention, l'entrepreneur individuel n'est pas couvert au titre du chômage mais a la possibilité de souscrire, à ce titre, à une assurance personnelle. Grâce au régime social unifié (RSI) depuis le 1er janvier 2006, votre protection sociale est centralisée. Connectez-vous à son nouveau site, www.le-rsi.fr/, qui regroupe toutes les informations nécessaires : déclaration commune des revenus en ligne, calcul des cotisations, informations sur les retraites, etc. En début d'activité, les cotisations sociales sont calculées sur la base mensuelle des allocations familiales (BMAF), puis en fonction de votre chiffre d'affaires.

## Créer une société : la SARL ou l'EURL

La SARL qui demandait un capital de 7 500 euros devient accessible, depuis la loi « initiative économique » du 1er août 2003, pour un euro symbolique. Il n'est donc plus nécessaire d'engager ses biens pour monter sa propre SARL. Cette loi a pour but de simplifier l'acte de création d'entreprise en la rendant accessible à tous. On peut donc créer rapidement sa société – en moins de 24 heures : l'administratif a été considérablement réduit –, même si la SARL demande encore plus d'implication que l'entreprise individuelle.

La plus petite des SARL : l'EURL

L'EURL est une SARL constituée d'un seul associé. Elle est donc soumise aux mêmes règles qu'une SARL classique, exception faite toutefois des aménagements rendus nécessaires par la présence d'un associé unique. La société est dirigée par un gérant qui peut être soit l'associé unique soit un tiers (salarié). Si le gérant est l'associé unique, il dépend du régime des non-salariés. Si le gérant est un tiers rémunéré au titre de son mandat social, il est assimilé salarié.

### La SARL : à plusieurs...

La SARL permet de faire entrer des partenaires et de limiter la responsabilité de l'associé aux apports. Elle doit être constituée de deux associés au minimum et de cinquante au maximum. Autre atout de la SARL : elle permet au gérant (à condition qu'il soit minoritaire) d'être salarié. Cet avantage social est toutefois relatif car le statut de travailleur non salarié présente dorénavant des avantages équivalents.

Enfin, en société, la responsabilité du créateur n'est engagée qu'à hauteur de son apport, sauf en cas de faute de gestion.

### Les formalités

C'est le centre de formalités des entreprises (CFE) qui centralise les pièces de votre dossier de création et les transmet, après avoir effectué un contrôle formel, auprès des différents organismes et administrations intéressés. Il vous faudra cependant :

* rédiger les statuts ;
* nommer un gérant ;
* déposer les fonds correspondant aux apports en espèces sur un compte bloqué ;
* s'il y a lieu, faire évaluer les apports en nature par un commissaire aux apports ;
* les enregistrer auprès de son centre des impôts ;
* faire paraître un avis de constitution dans un journal d'annonces légales ;
* et enfin déposer le dossier complet au CFE avec les statuts.

À venir : la loi Dutreil pour l'initiative économique a prévu plusieurs mesures de simplification des formalités d'immatriculation, dont la possibilité d'effectuer les démarches administratives par Internet à partir d'un futur site portail dédié à la création et, pour les entreprises déposant un dossier complet de demande d'immatriculation au RCS (pour les commerçants et les sociétés) ou au répertoire des métiers (pour les artisans), de se voir remettre un récépissé pour accomplir les formalités auprès des organismes de service public.

> **pour en savoir plus**
>
> Le site de l'agence pour la création d'entreprise www.apce.com

### Le statut social du gérant de SARL

Le régime de protection sociale dont dépend un gérant de SARL est déterminé par le nombre de parts qu'il détient dans la société. S'il est minoritaire, il dépend du régime général des salariés ; s'il est majoritaire, il dépend du régime des travailleurs indépendants. L'URSSAF a mis en ligne un explicatif illustré d'exemples permettant d'apprécier le caractère majoritaire ou minoritaire de la gérance (www.urssaf.fr/profil/independants/dossiers_reglementaires/statut_social).

### Choisissez le bon régime d'imposition : IR ou IS ?

En EI ou en EURL, l'entrepreneur individuel est imposé sur le revenu (IR) dans la catégorie des BIC (bénéfices industriels et commerciaux pour les commerçants/artisans), BNC (bénéfices non commerciaux pour les professions libérales et prestations intellectuelles), BA (bénéfices agricoles) selon son activité. Un abattement est possible en cas d'adhésion à un centre ou à une association de gestion agréés.

Pour les SARL, le bénéfice sera soumis à l'impôt sur les sociétés (IS). Le centre des impôts va recevoir du CFE l'imprimé PO ou MO où vous avez choisi votre régime d'imposition (microentreprise, régime simplifié ou régime réel) en fonction de votre chiffre d'affaires prévisionnel.

> **b o n   à   s a v o i r**
>
> L'entreprise individuelle en BNC paie ses impôts sur l'année civile tandis que les autres travailleurs indépendants et les sociétés peuvent choisir la date de démarrage de l'exercice. Le premier exercice d'une SARL peut même durer plus de douze mois (dix-huit mois au maximum).

### *La micro-entreprise : une fiscalité avantageuse*

Si votre chiffre d'affaires est inférieur ou égal à 27 000 euros, vous pouvez opter pour le régime de la micro-entreprise. Il permet d'être exonéré de TVA et d'appliquer une comptabilité et des déclarations fiscales très simplifiées. Cette option est valable cinq ans, et reconduite tacitement.

> **b o n   à   s a v o i r**
>
> L'entrepreneur **exerçant à domicile peut déduire** de ses revenus **une part de ses dépenses** (loyer, électricité, eau, gaz, etc.) passées en charges d'exploitation. Cette part est calculée au prorata de l'espace consacré à l'exercice de l'activité dans la limite d'un tiers de la superficie totale de l'habitation.

### Le portage salarial

Le portage salarial est une pratique qui se développe et rencontre un vif succès, notamment dans certains domaines d'activité comme les ressources humaines, le marketing, la communication… Il permet de se mettre à son compte en bénéficiant d'un statut de salarié. Son principe est simple : vous êtes télétravailleuse, vous avez une mission à effectuer pour un de vos clients. La société de portage vous embauche en CDD le temps de cette mission. C'est elle qui facture et encaisse les honoraires versés par votre client. Elle vous reverse votre argent sous forme de salaire après déduction des cotisations sociales patronales et salariales mais diminué d'une commission (10 % en moyenne). Attention, c'est à vous de trouver les clients. La société de portage n'est qu'un intermédiaire. Le portage permet de tester votre marché sans prendre trop de risque mais à long terme vous perdez systématiquement 10 % sur chaque mission ! Le portage est intéressant si votre chiffre d'affaires annuel est inférieur à 15 000 euros ! Au-delà, vous volez de vos propres ailes…

**pour en savoir plus**

Le site de la Fédération nationale du portage salarial : www.fenps.fr ou www.portagesalarial.org

## Où vous renseigner ?

- À l'Association nationale pour le développement du télétravail et de la téléformation. Créée en 1994 et présidée depuis par Gérard Vallet, un informaticien enseignant et travailleur à distance, l'ANDT « informe et oriente toute personne désireuse de découvrir le télétravail ». Le site, simple et ergonomique, permet de se familiariser avec le vocabulaire spécifique au télétravail et son historique. Une trentaine de télétravailleurs sont référencés dans l'annuaire de l'ANDT. On peut accéder gratuitement à leurs adresses : www.andt.org/.

- Le site de l'association française du télétravail et des téléactivités : www.aftt.asso.fr.

- Les sites d'emploi spécialisés dans le télétravail : www.infoteletravail.com et www.teletravail.fr.

- L'agence pour la création d'entreprise : www.apce.com.

# Les congés à votre disposition

Le droit du travail français offre aux salariés la possibilité de faire des pauses dans leur vie professionnelle afin de mener à bien un projet ou de répondre à un besoin, qu'il concerne leur vie privée ou leur vie professionnelle.

Si vous remplissez les conditions requises, notamment d'ancienneté, vous pouvez ainsi prendre des congés, parfois rémunérés ou indemnisés par les organismes sociaux. Ces congés ont pour objectif de vous permettre de faire un break dans votre travail sans pour autant perdre votre poste. À leur issue, vous devez retrouver votre emploi ou un emploi similaire dans votre entreprise. Ils sont pourtant souvent méconnus.

## LES CONGÉS POUR NE PAS RATER LES GRANDS ÉVÉNEMENTS DE VOTRE VIE PERSONNELLE

La vie nous réserve à tous des moments de joie (mariage, naissance) et des moments plus douloureux (maladie, décès). Pour l'équilibre personnel de chacun, il est nécessaire de pouvoir profiter pleinement des moments heureux et d'être présent auprès de ses proches quand ils en ont besoin. C'est dans cet esprit que le législateur français a mis en place des congés offerts aux salariés. N'hésitez pas à en demander le bénéfice quand le besoin s'en fait ressentir.

## Autour de la famille

### Les congés pour événements familiaux

Naissance, mariage, décès... à l'occasion d'un de ces événements, vous pouvez vous absenter pendant une durée d'un à quatre jours, selon les circonstances. Ces jours d'absence sont rémunérés par votre employeur et assimilés à du travail effectif pour le calcul de votre ancienneté et des congés payés !

### *Les démarches à accomplir*

Vous devez adresser votre demande à votre employeur, en joignant un justificatif de l'événement (certificat de naissance, de décès...). Votre employeur ne peut pas s'y opposer.

### *Quand peut-on prendre ces jours ?*

Ils doivent être pris au moment des événements en cause, mais pas nécessairement le jour où ils surviennent. Ils sont comptés en jours « ouvrables » (tous les jours sauf les dimanches et jours fériés). Ainsi, par exemple, en cas de mariage d'un enfant ou de décès d'un frère, le jour de congé peut être posé pour la date du mariage, mais aussi la veille de cette date ou le lendemain.

**bon à savoir**

Vérifiez la convention collective applicable dans votre entreprise. Certaines conventions accordent des jours supplémentaires ou ajoutent un congé, par exemple pour le mariage d'un frère ou d'une sœur. Certaines entreprises consentent également des congés pour d'autres événements comme le déménagement. Renseignez-vous auprès du service du personnel.

TABLEAU RÉCAPITULATIF DES DIFFÉRENTS CONGÉS POUR ÉVÉNEMENT FAMILIAL

| Événement | Durée | |
|---|---|---|
| Naissance ou adoption | 3 jours | Cumulables avec le congé de paternité |
| Mariage ou remariage : | | |
| – du salarié | 4 jours | |
| – de son enfant | 1 jour | |
| Décès : | | |
| – du conjoint | 2 jours | |
| – d'un enfant | 2 jours | |
| – du père ou de la mère | 1 jour | Conjoint marié ou pacsé |
| – d'un frère ou d'une sœur | 1 jour | |
| – du beau-père ou de la belle-mère | 1 jour | |

## Les congés pour aider un proche…

Accident, cancer, maladie d'Alzheimer… vos proches ne sont pas à l'abri d'une maladie grave ou d'une situation de dépendance. Votre soutien et votre présence sont alors importants pour eux comme pour vous. Pour cela, deux types de congés sont ouverts par le Code du travail aux salariés.

## Le congé de soutien familial

Entré en vigueur en avril 2007, ce nouveau congé, ni rémunéré, ni indemnisé, doit permettre aux salariés de s'occuper d'un parent dépendant, âgé ou handicapé. À condition de justifier d'une ancienneté minimale de deux ans dans l'entreprise, il ne peut pas être refusé par l'employeur. Le congé de soutien familial est d'une durée de trois mois renouvelable pendant un an. Pendant ce congé vous continuerez d'acquérir vos droits à la retraite *via* l'assurance vieillesse du parent au foyer (AVPF).

La personne aidée doit résider en France de façon stable et régulière et ne pas faire l'objet d'un placement en établissement ou chez un tiers autre que le salarié. Il peut s'agir :

- du conjoint, du concubin ou de la personne avec laquelle le salarié a conclu un PACS ;

- de l'ascendant, du descendant, de l'enfant dont le salarié assume la charge au sens des prestations familiales ;

- d'un collatéral jusqu'au quatrième degré (frère, sœur, oncle, tante, neveux, nièces, grands-oncles et tantes, petits-neveux et nièces, cousins et cousines germains) ;

- de l'ascendant, du descendant ou du collatéral jusqu'au quatrième degré du conjoint, du concubin ou de la personne avec laquelle le salarié a conclu un PACS.

### Les démarches à accomplir

Vous devez adresser à votre employeur (par lettre recommandée avec demande d'avis de réception ou par lettre remise en main propre contre décharge), au moins deux mois avant le début du congé, une lettre l'informant de votre volonté de suspendre votre contrat de travail, ainsi que de la date de votre départ en congé. Le délai d'information de l'employeur peut être ramené à quinze jours en cas d'urgence liée notamment à une dégradation soudaine de l'état de santé de la personne aidée (attestée par un certificat médical) ou, en cas de cessation brutale de l'hébergement en établissement dont bénéficiait la personne aidée (attestée par le responsable de l'établissement concerné).

Cette lettre doit être accompagnée des documents suivants :

- une déclaration sur l'honneur attestant de la nature du lien familial qu'entretient le demandeur avec la personne aidée ;

- lorsque la personne est un enfant handicapé à la charge du demandeur ou un adulte handicapé, une copie de la décision prise en application d'une législation de la Sécurité sociale ou d'aide sociale subordonnée à la justification d'un taux d'incapacité permanente au moins égale à 80 % ;

- lorsque la personne aidée souffre d'une perte d'autonomie, une copie de la décision d'attribution de l'allocation personnalisée autonomie (APA) au titre d'un classement dans les groupes I et II de la grille nationale mentionnée à l'article L. 232-2 du Code de l'action sociale et des familles.

Si vous souhaitez poursuivre votre congé de soutien au-delà des trois premiers mois, vous devez avertir votre employeur de cette prolongation au moins un mois avant le terme initialement prévu, par lettre recommandée avec demande d'avis de réception. Ce délai peut être éventuellement réduit à quinze jours en cas d'urgence.

## Le congé de solidarité familiale

Vous estimez de votre devoir d'accompagner l'un de vos proches dont les jours sont comptés, vous avez le droit de prendre un congé dit « de solidarité familiale ». Aucune condition d'ancienneté dans l'entreprise n'est exigée. Le proche peut être un ascendant, un descendant ou une personne qui partage votre domicile (concubin, époux…). Il est d'une durée maximale de trois mois, renouvelable une fois. Ce congé est de droit : il ne peut être ni reporté, ni refusé. Avec l'accord de l'employeur, il peut être transformé en période à temps partiel. Il n'est ni rémunéré ni indemnisé.

### *Les démarches à accomplir*

Informez votre employeur de votre intention d'utiliser ce congé au moins quinze jours avant votre départ, par lettre recommandée avec accusé de réception ou par lettre remise en main propre contre décharge. Vous devez joindre un certificat médical établi par son médecin traitant attestant que le proche souffre effectivement d'une pathologie risquant d'entraîner sa disparition. En cas d'urgence absolue constatée par écrit par le médecin qui a établi le certificat médical, le congé peut débuter dès réception (ou remise) de la lettre par (à) l'employeur.

> **pour en savoir plus**
>
> Le ministère de la Santé et des Solidarités a mis en ligne **un Guide de l'aidant familial** sur le site www.famille.gouv.fr où sont réunis informations pratiques et conseils sur les droits de l'aidant et de son proche dépendant. Le guide fournit aussi tous les renseignements nécessaires pour valoriser, au titre de la validation des acquis de l'expérience, le temps passé auprès d'un proche.

## Autour des enfants

Être là pour ses premiers pas, ses premiers mots ou sa première dent… est le souhait de beaucoup de mères. On ne peut pas ou on ne veut pas s'arrêter de travailler pour autant. Il faut aussi parfois faire face à des imprévus. Ce matin, votre puce a 39 degrés Celsius au réveil et mal à la gorge. Vous ne pouvez pas l'envoyer à l'école dans cet état mais personne n'est disponible pour la garder aujourd'hui. Pour vous faciliter la tâche, il existe de nombreux congés qui vous permettront de consacrer, si vous le souhaitez, plus de temps à vos enfants notamment dans les premières années de leur vie. Parfois obligatoires comme le congé de maternité, ils ne peuvent pas être refusés par l'employeur si vous remplissez les conditions requises par le Code du travail.

### Le congé de maternité

Indispensable pour la santé de la mère et de l'enfant, le congé de maternité est obligatoire pour les salariés et les fonctionnaires. Les non-salariées, à l'exception des agricultrices, n'ont, en revanche, aucun droit au repos légalement défini.

## *Les conditions pour en bénéficier*

Vous devez avertir votre employeur, sans délai particulier, de la date de votre départ en congé de maternité et de la date à laquelle vous reprendrez votre travail. À l'issue de votre congé de maternité, vous retrouverez votre précédent emploi ou un emploi similaire assorti d'une rémunération au moins équivalente. Vous aurez également droit, lors de votre reprise d'activité, à un entretien avec votre employeur en vue de votre orientation professionnelle.

## *Sa durée*

Pour le premier enfant, vous avez droit à seize semaines, décomposées en un congé prénatal de six semaines et un congé postnatal de dix semaines. Si vous le souhaitez, vous pouvez prendre moins de seize semaines. Le minimum légal pour les salariées est de huit semaines : deux avant et six après l'accouchement. La durée légale du congé de maternité varie en fonction du nombre d'enfants à charge et du nombre de naissances attendues.

> **nouveau**
>
> Avec l'adoption de la loi du 5 mars 2007 réformant la protection de l'enfance, **vous pouvez choisir de réduire** (sous réserve d'un avis favorable du professionnel de santé qui vous suit) **la période de congé de maternité qui commence avant la date de l'accouchement.** Cette réduction est d'une durée maximale de trois semaines. Cela vous permet d'augmenter d'autant la durée du congé maternité après l'accouchement. Attention, si vous choisissez de reporter une partie de votre congé maternité, et que votre médecin vous prescrit un arrêt de travail (par exemple, congé thérapeutique) pendant la période antérieure à la date présumée d'accouchement dont vous avez demandé le report, celui-ci est annulé et la période de suspension du contrat de travail est décomptée à partir du premier jour de l'arrêt de travail. La période initialement reportée est réduite d'autant.

DURÉE LÉGALE DU CONGÉ MATERNITÉ SELON LE NOMBRE D'ENFANTS

| Nombre d'enfant(s) attendu(s) | Nombre d'enfants à charge avant la naissance | Durée du congé prénatal | Durée du congé postnatal | Durée totale du congé de maternité |
|---|---|---|---|---|
| 1 | 0 ou 1 | 6 semaines | 10 semaines | 16 semaines |
| | 2 ou plus | 8 semaines | 18 semaines | 26 semaines |
| Jumeaux | — | 12 semaines | 22 semaines | 34 semaines |
| Triplés ou plus | — | 24 semaines | 22 semaines | 46 semaines |

**bon à savoir**

Certaines conventions collectives sont plus favorables et prévoient un congé plus long. Renseignez-vous auprès de vos représentants du personnel, de votre syndicat ou de la direction départementale du travail, de l'emploi et de la formation professionnelle (DDTEFP).

## Cas où la durée du congé peut être prorogée

Dans certains cas, la durée du congé peut être étendue :

- en cas d'état pathologique attesté par un certificat médical, (c'est le fameux « congé patho »), le congé de maternité peut être prolongé de deux semaines avant la date prévue de l'accouchement et de quatre semaines après celui-ci ;

- en cas d'hospitalisation de l'enfant d'une durée supérieure à six semaines après sa naissance, la mère salariée peut reprendre son travail et reporter à la fin de l'hospitalisation de son enfant tout ou partie du congé postnatal auquel elle peut encore prétendre ;

- en cas d'accouchement prématuré (plus de six semaines avant la date prévue) et exigeant l'hospitalisation de l'enfant après sa naissance, le congé maternité est prolongé du nombre de jours courant de la date effective de l'accouchement au début de la période de congé prénatal.

## Votre indemnisation

Pendant votre congé de maternité, vous pouvez toucher des indemnités journalières. Elles sont versées par la Sécurité sociale ou par votre employeur si votre convention collective le précise. Si le montant des indemnités journalières est inférieur à votre salaire, votre employeur ou votre mutuelle peuvent compenser la différence. Consultez votre convention collective et renseignez-vous auprès de votre complémentaire santé. Si vous êtes au chômage ou sans activité, vous avez droit, dans certains cas, à des indemnités journalières calculées sur la base du salaire que vous perceviez durant votre dernier emploi.

Les congés de maternité sont assimilés à une période de travail effectif et donnent donc droit aux mêmes avantages d'ancienneté.

## Les démarches à accomplir

Adressez un certificat médical à votre employeur attestant de la grossesse et des dates prévues d'accouchement et de reprise d'activité par lettre recommandée avec accusé de réception ou remise en main propre contre décharge. Aucun délai n'est imposé mais avertissez-le au plus vite pour être protégée. Il n'est en effet pas possible de licencier une femme enceinte !

Pour être indemnisée, vous devez accomplir certaines formalités administratives indispensables. Vous avez trois mois pour consulter votre gynécologue et passer la première échographie. Le médecin vous remettra deux documents : l'attestation de la première visite médicale et un certificat médical confirmant votre grossesse intitulé « Vous attendez un enfant ».

Ce certificat doit être envoyé à votre Caisse primaire d'assurance-maladie (CPAM) ainsi qu'à la Caisse d'allocations familiales (CAF) dont vous dépendez.

### sites utiles

– Le site de l'assurance-maladie : www.ameli.fr.
– Le site de la Caisse d'allocations familiales : www.caf.fr.

### bon à savoir

Si vous allaitez, vous pouvez avoir un aménagement de vos horaires de travail.
Pendant un an à compter du jour de la naissance, vous disposez d'une heure par jour pendant les heures de travail pour allaiter votre bébé. Cette heure est répartie en deux périodes de 30 minutes, une le matin, l'autre l'après-midi. Ces pauses sont fixées d'un commun accord avec l'employeur, sinon elles sont placées au milieu de chaque journée.
Un local doit être prévu pour l'allaitement de l'enfant sur le lieu de travail. Il doit répondre à des normes strictes d'hygiène et de sécurité.
**Attention !** Les temps d'allaitement ne sont pas considérés comme des heures de travail effectif et ne sont donc pas rémunérés. Renseignez-vous sur votre convention collective qui peut prévoir des mesures plus favorables.

## Le congé d'adoption

En cas d'adoption d'un enfant par l'intermédiaire d'un service départemental d'aide sociale à l'enfance ou d'un organisme autorisé pour l'adoption, les parents adoptants ont droit à dix semaines de congé, pris soit par la maman, soit par le papa, soit partagé entre les deux parents (un seul des parents a cependant droit à l'indemnité journalière). Le congé est de dix-huit semaines si l'adoption a pour effet de porter à trois ou plus le nombre d'enfants au foyer, et de vingt-deux semaines en cas d'adoptions multiples. Le congé d'adoption peut être pris à compter du début de la semaine qui précède l'arrivée de l'enfant au foyer. Afin de compenser la perte de salaire durant votre congé d'adoption, des indemnités journalières vous seront versées régulièrement jusqu'à la reprise de votre travail selon les mêmes modalités que pour un congé de maternité.

## Le congé de paternité

Le père d'un enfant venant de naître peut demander à bénéficier d'un congé indemnisé d'une durée de onze à dix-huit jours (art. L. 122-25-4 du Code du travail). N'hésitez pas à le demander pour profiter à deux des premiers jours de votre enfant et vous permettre de vous reposer après l'accouchement.

**bon à savoir**

Le congé de paternité est également ouvert aux pères demandeurs d'emploi ou stagiaires de la formation professionnelle qui peuvent percevoir les indemnités journalières de paternité versées par la Sécurité sociale.

### *Quand peut-on le prendre ?*

Il doit être pris dans les quatre mois suivant la naissance de l'enfant. Il a une durée maximale de onze jours, samedis, dimanches et jours fériés compris et de dix-huit jours en cas de naissances multiples (jumeaux, triplés, etc.). En cas d'hospitalisation de l'enfant, le délai de quatre mois ne joue qu'à partir de son retour au foyer.

**bon à savoir**

Les jours de congé de paternité s'ajoutent aux trois jours accordés pour la naissance d'un enfant. Le congé de paternité et les trois jours du congé de naissance peuvent se succéder ou être pris séparément. Ce qui fait **un total de quatorze jours** pour s'occuper du bébé et de sa maman.

### Les démarches à accomplir

Le père doit adresser sa demande de congé à son employeur par écrit (par lettre recommandée avec accusé de réception ou remise en main propre) au moins un mois avant la date à laquelle il souhaite prendre son congé. Il doit préciser la date à laquelle il reprendra son travail. L'employeur ne peut interdire au salarié de prendre son congé, ni même reporter les dates choisies. Toutefois, si la date réelle de l'accouchement est différente de la date estimée par le salarié, le père ne peut demander à reporter qu'avec l'accord de son employeur.

### Quelle indemnisation ?

Pendant le congé de paternité, le contrat de travail est suspendu. Le salaire n'est, en principe, pas maintenu. Mais le père peut percevoir des indemnités journalières de la Sécurité sociale attribuées et calculées dans les mêmes conditions que les indemnités journalières de maternité. Les entreprises peuvent cependant décider le versement d'un complément de rémunération permettant le maintien intégral du salaire. Vérifiez ce que prévoit la convention collective applicable dans votre entreprise. Pour les fonctionnaires, l'État et les différentes collectivités publiques, territoriales et hospitalières peuvent également compléter l'indemnisation.

À l'issue de son congé de paternité, le salarié doit retrouver son précédent emploi ou un emploi similaire assorti d'une rémunération au moins équivalente.

## Le congé parental d'éducation

Le congé parental d'éducation vous permet de cesser ou de réduire votre activité professionnelle un temps donné, pour profiter au mieux de votre bébé jusqu'à ses trois ans, sans perdre votre emploi.

Vous pouvez soit prendre un congé total, durant lequel votre contrat de travail est suspendu, soit un travail à temps partiel. Dans ce cas, la durée doit être d'au moins 16 heures par semaine. Le salarié peut choisir la durée du travail qui lui convient. En revanche, la répartition des horaires doit être fixée en accord avec l'employeur. À défaut d'accord, votre employeur peut vous imposer vos horaires.

**nouveau**

Depuis le 1er juillet 2006, **pour le troisième enfant**, les parents peuvent choisir **un congé parental plus court** (un an), **mais mieux rémunéré** grâce au complément optionnel de libre choix d'activité (COLCA), versé par la CAF. Le but étant de favoriser le retour au travail !

Les conditions : avoir travaillé au moins deux ans dans les cinq ans précédant la naissance du troisième enfant. Contrairement au congé parental classique, ce congé ne peut être pris que pour une cessation d'activité totale, et non partielle. Il peut toutefois être partagé entre les deux parents : l'un s'arrête six mois, l'autre les six mois suivants.

### Les conditions pour en bénéficier

Le père comme la mère, parent naturel ou adoptif, peut en bénéficier à condition de justifier d'un an d'ancienneté dans l'entreprise à la date de la naissance de l'enfant ou, en cas d'adoption, de son arrivée au foyer (avant l'âge de 16 ans). Si vous remplissez cette condition, votre employeur ne peut pas vous le refuser.

### Quelle est sa durée ?

Le congé parental n'a pas de durée minimum (il peut être de trois mois, six mois…). Pour les salariés, il doit être d'un an maximum. Mais, il est ensuite renouvelable deux fois jusqu'au troisième anniversaire de votre enfant. Il peut donc durer trente-six mois au total. Pour les salariés de la fonction publique, le congé est de six mois, renouvelable. Pour le renouveler, vous devez avertir votre employeur par lettre recommandée avec accusé de réception un mois avant la fin de votre congé.

### Peut-on le modifier ?

Seulement au moment de son renouvellement ! Un mois avant la date de son renouvellement, vous devez prendre une décision : reprendre le travail, renouveler votre congé parental ou le renouveler mais en modifiant ses modalités (reprendre seulement à temps partiel, ou demander un congé à temps plein alors que vous aviez opté pour un temps partiel).

---

**bon à savoir**

Peut-on écourter son congé parental ?
Réfléchissez bien avant de prendre votre décision car une fois votre congé accepté vous ne pouvez, en principe, pas revenir en arrière en cours de congé sauf accord de votre employeur. Deux exceptions : c'est seulement en cas de diminution des ressources du ménage ou de décès de l'enfant, que vous pouvez demander à reprendre de manière anticipée votre activité. Adressez à votre employeur une lettre recommandée avec accusé de réception au moins un mois avant la date à laquelle vous désirez reprendre votre activité.

---

### Est-il indemnisé ?

Le congé parental d'éducation n'est pas rémunéré. En revanche, vous pouvez, sous certaines conditions, recevoir une allocation de la caisse d'allocations familiales afin de compenser votre perte de salaire : le complément de libre choix d'activité (COLCA), anciennement appelée « allocation parentale d'éducation » (APE). Contrairement à l'APE, le complément de libre choix d'activité pourra être attribué dès le premier enfant. Une aide mensuelle est versée pendant les six mois suivant le congé de maternité (voir tableau page suivante), à condition d'avoir travaillé deux ans dans les deux ans précédant la naissance. À partir du deuxième enfant, une aide d'un montant équivalent pourra être perçue jusqu'aux trois ans de l'enfant, à condition d'avoir exercé une activité professionnelle pendant au moins deux ans dans les quatre ans précédant la deuxième naissance ou l'adoption (dans les cinq ans précédant la naissance ou l'adoption d'un troisième enfant). Le montant de l'indemnité varie selon que vous percevez ou pas, en plus, la prestation d'accueil du jeune enfant (PAJE).

En outre, si vous percevez certaines pensions ou indemnités, vous n'aurez pas droit au COLCA. Renseignez-vous auprès de votre CAF.

### Calcul de l'ancienneté

Concernant le calcul de l'ancienneté, la durée du congé parental d'éducation compte pour moitié. Ainsi un parent qui aura bénéficié de deux années de congé parental aura tout de même acquis une année d'ancienneté.

### Congés payés

Attention ! Pendant la durée de votre congé parental, vous ne pourrez pas prendre vos congés payés. Ainsi si vous réintégrez votre poste au-delà de la période de congés annuels en cours, vous les aurez perdus. En revanche, vous pouvez négocier avec votre employeur afin de pouvoir les prendre avant le début de votre congé parental.

MONTANTS DU COLCA AU 31 DÉCEMBRE 2007

| | Vous recevez l'allocation de base de la PAJE | Vous ne recevez pas l'allocation de base de la PAJE |
|---|---|---|
| **Vous êtes salariée** | | |
| Vous recevrez chaque mois | 359,67 € | 530,72 € |
| **Vous êtes salariée à temps partiel** | | |
| < 50 % de la durée du travail fixée dans l'entreprise | 232,52 € | 403,56 € |
| Entre 50 et 80 % de la durée du travail fixée dans l'entreprise | 134,13 € | 305,17 € |
| **Vous êtes non salariée ou VRP et à temps partiel** | | |
| Temps de travail < 76 heures par mois et revenu professionnel* mensuel inférieur ou égal à 1 187,99 € | 232,52 € | 403,56 € |
| Temps de travail compris entre 77 et 122 heures par mois et revenu professionnel* mensuel < 1 900,78 € | 134,13 € | 305,17 € |

* Revenu professionnel = revenus d'activité, salariée ou non ; sont exclues les indemnités journalières de maladie et les allocations de chômage.

*Peut-on exercer une autre activité ou suivre une formation pendant le congé ?*

Si vous prenez un congé parental, ce n'est pas pour exercer un autre travail, mais bel et bien pour vous consacrer à votre enfant ! Une exception : vous avez cependant le droit d'effectuer une activité professionnelle autre : celle d'assistant(e) maternel(le).

Question formation, vous pouvez tout à fait en profiter pour faire un bilan de compétences ou encore suivre une formation professionnelle. À défaut d'être rémunéré(e), vous bénéficierez d'une protection en matière d'accidents du travail et de maladies professionnelles.

### Les démarches à accomplir

Vous pouvez prendre un congé parental à tout moment jusqu'aux trois ans de votre enfant. Et donc pas nécessairement dès sa naissance.

Vous devez adresser votre demande à votre employeur (voir modèle page suivante) :

- par lettre recommandée avec accusé de réception en indiquant la date de début et la durée du congé ou du travail à temps partiel ;

- un mois au moins avant la fin de votre congé de maternité ou deux mois avant la date où vous souhaitez vous arrêter, si vous avez repris le travail entre-temps.

Pour percevoir le complément de libre choix d'activité (COLCA), vous devez remplir un formulaire à adresser à votre caisse d'allocations familiales (CAF). Vous pouvez le télécharger et l'imprimer sur le site de la CAF (www.caf.fr) ou le demander à votre CAF.

La CAF vous adressera tous les ans un questionnaire afin de confirmer votre congé parental. Quelle que soit votre décision, reprise du travail ou renouvellement du congé, n'oubliez pas de le retourner.

### Que se passe-t-il à l'issue du congé ?

À l'issue du congé, vous retrouverez votre précédent emploi ou un emploi semblable avec une rémunération équivalente ainsi que vos droits aux prestations en nature et en espèces de l'assurance-maladie, maternité, invalidité et décès. La durée de maintien des droits est fixée à douze mois :

- si, à l'issue de votre congé, vous ne désirez pas reprendre votre emploi vous devez donner votre démission. Votre employeur pourra alors exiger que vous reveniez dans l'entreprise pour effectuer votre préavis.

Attention, en démissionnant vous n'aurez droit ni au chômage ni à une quelconque indemnité de licenciement ;

- si, à l'issue du congé, vous ne pouvez pas reprendre votre travail en raison d'une nouvelle maternité ou d'une maladie, vous retrouvez vos droits aux prestations du régime dont vous releviez avant le congé. Ainsi, si vous tombez enceinte pendant le congé, vous aurez droit à un congé de maternité et aux prestations de l'assurance-maladie, et pourrez demander un congé parental jusqu'au 3 ans du bébé à venir !

### Modèle de demande de congé parental à adresser à l'employeur

Madame/Monsieur,

Je souhaite bénéficier d'un congé parental d'éducation, conformément aux dispositions de l'article L. 122-28-1 du Code du travail.

Mon congé débutera le (date de début) pour prendre fin le (date de fin).

(Si vous souhaitez passer à temps partiel) Je souhaiterais effectuer un temps de travail hebdomadaire de (horaire hebdomadaire) heures, dans la mesure du possible se répartissant de la façon suivante : (répartition des horaires).

Durant mon absence, je m'engage à n'exercer aucune autre activité professionnelle quelle qu'elle soit, salariée ou non salariée.

Je vous remets l'acte de naissance de mon enfant (prénom de l'enfant).

Je vous prie d'agréer, Madame/Monsieur, l'expression de ma considération distinguée.

### Si votre enfant est malade

On a beau être organisée, quand un enfant tombe malade, il ne prévient pas. Quand ils sont bébés, les crèches ou les assistantes maternelles acceptent en général de les accueillir. Tout dépend de la maladie, de la contagion qu'elle peut entraîner et si le traitement est commencé ou non. Mais quand ils vont à l'école, les choses se compliquent. Et les grands-parents, la baby-sitter ou la voisine qui vous dépannent ne sont pas toujours disponibles au pied levé ! Heureusement, le Code du travail permet aux salariés de s'absenter pour s'occuper de leur enfant malade. Selon la gravité de l'état de santé de l'enfant, le salarié peut bénéficier de trois jours d'absence par an ou en cas d'accident ou de maladie grave nécessitant une hospitalisation, d'un congé de présence parentale pendant lequel il peut interrompre son activité.

### Pour une maladie bénigne

Le père ou la mère peut prendre trois jours par an soit six jours au total pour les deux parents. Si l'enfant concerné a moins d'un an ou si vous avez au moins trois enfants de moins de 16 ans, le nombre de jours de congés annuels est porté à cinq jours. Prévenez votre employeur et adressez-lui un certificat médical. Ces jours de congé ne sont ni rémunérés ni indemnisés. Vérifiez également la convention collective applicable dans votre entreprise qui peut prévoir des conditions plus favorables : versement du salaire, jours de congés supplémentaires…

### Si votre enfant est gravement malade : un congé spécial

Depuis le 1ᵉʳ janvier 2001, un congé de présence parentale a été créé pour permettre aux parents d'affronter la survenue d'un accident ou d'une maladie grave chez leur enfant. L'objectif de ce congé est de leur donner le temps et les moyens de s'organiser. Ouvert au père comme à la mère, sans condition d'ancienneté, il est indemnisé par la caisse d'allocations familiales qui verse au parent une allocation de présence parentale (AJPP).

La durée du congé et de l'allocation est de trois cent dix jours ouvrés (quatorze mois) maximum. Le congé de présence parentale fonctionne comme un « compte crédit jours », que le salarié peut utiliser pendant trois ans en fonction des besoins de son enfant.

Pour en bénéficier, le parent doit envoyer à son employeur, au moins quinze jours avant le début du congé, une lettre recommandée avec demande d'avis de réception (ou lui remettre en main propre une lettre contre décharge), l'informant de sa volonté de bénéficier du congé de présence parentale, ainsi qu'un certificat médical établi par le médecin qui suit l'enfant. Il devra ensuite, lorsqu'il souhaite prendre un ou plusieurs jours de congé, en informer son employeur au moins 48 heures à l'avance.

# Des congés pour concrétiser un projet

Vous souhaitez évoluer dans votre carrière professionnelle, changer de boulot, monter votre boîte… Quel que soit votre projet, pour le mener à bien, il vous faut du temps. Or cela est rarement conciliable avec un travail et des horaires contraignants. Il existe pourtant des solutions prévues dans le Code du travail. Des congés sont à votre disposition.

## SE FORMER

Se former, apprendre, progresser dans son métier, c'est possible sans prendre sur son temps libre, ni perdre sa place. À tout âge, on peut changer de voie, acquérir de nouvelles compétences ou de nouveaux diplômes. Il existe de nombreux congés que ce soit pour se former à un nouveau métier, à de nouvelles expertises, pour comprendre comment marche le monde de l'entreprise… mais c'est à celui qui veut se former d'en prendre l'initiative.

### Le congé individuel de formation

Le congé individuel de formation (CIF) vous permet de vous absenter de votre poste de travail pour suivre, à votre initiative et à titre individuel,

une formation de votre choix pendant un an. Il peut s'agir d'une formation en vue de changer d'activité, de profession, d'obtenir de nouvelles
qualifications ou de vous ouvrir plus largement à la culture (la peinture
par exemple). Les formations suivies dans le cadre d'un CIF sont indépen-
dantes de la participation aux stages compris dans le plan de formation de
l'entreprise. Sauf accord sur une durée plus longue, l'absence ne peut être
supérieure à un an pour un stage à temps plein ou à 1 200 heures pour un
stage à temps partiel. Ce congé permet également de préparer et de passer
un examen. Pendant le congé individuel de formation, votre contrat de
travail n'est pas rompu mais suspendu, et vous devez justifier de votre
présence en formation. À l'issue de la formation, vous réintégrez votre
poste de travail. Votre employeur n'est, en revanche, pas tenu de vous
proposer un autre emploi prenant en compte la qualification acquise
pendant la formation.

### Les conditions pour en bénéficier

Pour pouvoir déposer une demande de congé, vous devez remplir les
conditions suivantes :

- justifier d'une ancienneté de vingt-quatre mois, consécutifs ou non,
  en qualité de salarié quelle qu'ait été la nature de vos contrats de
  travail successifs (CDI, CDD…) dont douze mois dans l'entreprise ;

- respecter un délai, dit « délai de franchise » entre deux CIF. Sa durée
  dépend de celle du précédent congé individuel de formation, et ne
  peut être inférieure à six mois ni supérieure à six ans.

Si vous remplissez les conditions d'ouverture du droit au CIF (ancienneté,
délai de franchise) et respectez la procédure de demande d'autorisation
d'absence, votre employeur ne peut pas s'opposer à votre départ en formation. Il peut seulement en reporter la date dans deux cas : soit s'il estime
que votre départ en congé de formation est préjudiciable à la production

et à la bonne marche de l'entreprise, soit si d'autres salariés ont présenté une demande aux mêmes dates que vous et que toutes les demandes de congé ne peuvent être satisfaites simultanément (en fonction de l'effectif de l'entreprise).

### Est-il rémunéré ?

Le maintien de votre rémunération n'est pas systématique. Le financement des formations est assuré par des organismes paritaires agréés par l'État et extérieurs à votre entreprise. Il s'agit principalement des FONGECIF (fonds de gestion du CIF, présents dans chaque région) et des OPCA (organismes paritaires collecteurs agréés). Le FONGECIF ou l'OPCA sont susceptibles de prendre en charge, dans l'ordre de priorité : votre rémunération, le coût de votre formation, vos frais de transport et vos frais d'hébergement. Mais ce n'est pas automatique.

- Pour en bénéficier vous devez adresser une demande motivée à l'organisme auprès duquel votre entreprise verse sa contribution.

- Renseignez-vous au plus tôt auprès du service du personnel, du service formation de votre entreprise ou des institutions représentatives du personnel (membre du comité d'entreprise ou délégué du personnel), pour obtenir les informations afin de constituer votre dossier.

- Le maintien de votre rémunération et la prise en charge des frais de formation ne seront acquis que lorsque vous aurez obtenu l'accord de l'organisme paritaire agréé à cette fin. Selon les cas, celui-ci prend en charge 80 % ou 90 % de la rémunération habituelle du salarié. Si votre salaire brut mensuel est inférieur à deux fois le SMIC soit 2 508,56 euros, votre rémunération sera maintenue en totalité. Concrètement, c'est l'employeur qui verse la rémunération et se fait rembourser par l'organisme agréé.

## Les démarches à accomplir

• Définissez votre projet professionnel et choisissez votre formation, puis procurez-vous un dossier de CIF auprès de l'OPACIF dont dépend votre entreprise.

• Adressez à votre employeur une demande écrite par lettre recommandée avec accusé de réception pour obtenir l'autorisation d'absence. Celle-ci doit indiquer avec précision la date de début de stage, sa désignation, sa durée, le nom de l'organisme de formation qui en est responsable. Cette demande doit être présentée à l'employeur quatre mois avant le début de la formation (deux mois si le stage dure moins de six mois).

• Demandez la prise en charge financière de votre formation à l'organisme paritaire agréé au titre du CIF compétent dont dépend votre entreprise. Chaque organisme paritaire de gestion du congé individuel de formation (OPACIF) a mis au point un formulaire de demande de prise en charge de rémunération et de frais de formation que vous devez remplir, ainsi que l'organisme de formation et votre entreprise.

> **bon à savoir**
>
> Pour mettre plus de chance de votre côté, joignez au formulaire une lettre de motivation ainsi que des copies des lettres de recommandation ou d'offres d'emploi attestant que l'activité que vous convoitez ouvre des débouchés.

## *Le droit individuel à la formation (DIF)*

Le DIF vous permet de bénéficier d'actions de formation professionnelle, rémunérées ou indemnisées, réalisées dans ou en dehors de votre temps de travail. Vous pouvez bénéficier d'un DIF que vous soyez en contrat à durée indéterminée (si vous justifiez d'une ancienneté d'au moins un an dans l'entreprise) ou en contrat à durée déterminée (depuis au moins quatre mois). La durée du DIF est de 20 heures par an cumulable sur six ans, soit 120 heures maximum. Si vous êtes à temps partiel, la durée du droit est calculée *prorata temporis*.

Tous les ans, vous êtes informée par écrit du total des droits acquis au titre du dispositif DIF. Si vous souhaitez en bénéficier, c'est à vous d'en prendre l'initiative. Adressez votre demande à votre employeur par écrit. Il dispose d'un délai d'un mois pour vous notifier sa réponse. Il n'est cependant pas obligé d'accepter la formation que vous avez choisie. L'absence de réponse de votre employeur équivaut à son acceptation.

## ÉVOLUER DANS SA CARRIÈRE

### *Le congé bilan de compétences*

Vous voulez faire le point sur votre parcours professionnel, inventorier vos compétences, analyser vos motivations dans le but d'évoluer, de changer de carrière ou de suivre une formation : faites un bilan de compétences. Il est mis en œuvre par un organisme extérieur à l'entreprise qui est soumis au secret professionnel. Vous pouvez demander un congé de 24 heures afin de bénéficier d'un bilan de compétences sur votre temps de travail ou en dehors de votre temps de travail, et ce, indépendamment des bilans de compétences organisés dans le cadre du plan de formation de l'entreprise.

### Les conditions pour en bénéficier

Pour pouvoir déposer une demande de congé, vous devez remplir les conditions suivantes :

- justifier d'une ancienneté d'au moins cinq ans, consécutifs ou non, en qualité de salarié, quelle qu'ait été la nature de vos contrats de travail ;

- respecter un délai, dit « délai de franchise », de cinq ans entre deux congés bilan de compétences. Toutefois, ce délai de franchise ne s'applique pas si vous avez changé d'employeur.

Votre employeur ne peut, sauf exceptions, refuser votre demande de congé si toutes les conditions définies ci-dessus sont remplies.

### Les démarches à effectuer

Afin de pouvoir bénéficier d'un congé bilan de compétences, vous devez :

- faire une demande d'absence, en indiquant les dates et la durée du bilan, ainsi que la dénomination de l'organisme prestataire choisi. Votre demande doit parvenir à votre employeur au plus tard soixante jours avant le début du bilan de compétences. Dans les trente jours suivant la réception de la demande, l'employeur vous fait connaître sa réponse par écrit. Dès lors que vous remplissez les conditions requises, votre employeur ne peut pas vous refuser le bénéfice du congé. Toutefois, il peut reporter le congé de six mois pour raisons de service explicitées dans une réponse écrite. Par ailleurs, vous pouvez faire votre bilan de compétences en dehors de votre temps de travail, dans ce cas, vous n'avez pas d'autorisation d'absence à solliciter. Vous devez directement vous adresser au FONGECIF ;

- adresser à l'organisme paritaire agréé au titre du CIF compétent dont dépend votre entreprise une demande de prise en charge totale ou partielle de votre salaire et, éventuellement, de vos frais de formation pendant le stage. Vous avez droit à la prise en charge des frais du bilan et au maintien de votre rémunération dans la limite de 24 heures par bilan de compétences. L'employeur vous verse cette rémunération ;

- signer une convention avec l'organisme prestataire de bilans de compétences et l'organisme paritaire agréé au titre du congé individuel de formation.

## Le congé pour validation des acquis de l'expérience (VAE)

La VAE permet à toute personne, engagée depuis au moins trois ans dans la vie active (salariée, non salariée ou bénévole), de faire valider son expérience professionnelle ou extraprofessionnelle (associative, syndicale…) afin d'obtenir un diplôme. Elle permet aussi d'accéder à un cursus de formation sans avoir à justifier du niveau d'études ou des diplômes et titres normalement requis. Le congé pour VAE vous permet de vous absenter de votre travail pendant 24 heures consécutives ou non (soit trois jours en tout) afin de préparer votre dossier de validation.

### Les conditions pour en bénéficier

Si vous êtes en CDI : aucune condition d'ancienneté n'est exigée.

Si vous êtes en CDD : vous devez justifier de vingt-quatre mois, consécutifs ou non, en qualité de salarié quelle qu'ait été la nature de vos contrats successifs, au cours des cinq dernières années et de quatre mois minimum, consécutifs ou non, sous CDD, au cours des douze derniers mois, dans une ou plusieurs entreprises.

### Les démarches à entreprendre

Afin de pouvoir bénéficier d'un congé VAE, vous devez :

- faire une demande d'absence, en indiquant le diplôme, le titre, ou le certificat de qualification demandé et les dates, la nature et la durée des actions de validation ainsi que la dénomination de l'autorité ou de l'organisme qui délivre la certification ou qui intervient dans celle-ci ;

- dans les trente jours suivant la réception de la demande, votre employeur doit vous faire connaître sa réponse par écrit. Dès lors que vous remplissez les conditions requises, il ne peut pas vous refuser le bénéfice du congé. Toutefois, il peut reporter le congé de six mois pour raisons de service explicitées dans une réponse écrite. Par ailleurs, vous pouvez faire votre VAE en dehors de votre temps de travail et dans ce cas, vous n'avez pas d'autorisation d'absence à solliciter. Vous devez directement vous adresser au FONGECIF ;

- adresser à l'organisme paritaire agréé au titre du CIF compétent dont dépend votre entreprise une demande de prise en charge totale ou partielle de votre salaire et, éventuellement, de vos frais de formation. Vous avez droit à la prise en charge des frais et au maintien de votre rémunération dans la limite de 24 heures par congé VAE. C'est votre employeur qui vous verse cette rémunération ;

- signer une convention avec l'organisme prestataire de VAE et l'organisme paritaire agréé au titre du congé individuel de formation.

**pour en savoir plus**
www.orientation-formation.fr/

## PRENDRE DU TEMPS POUR RÉALISER UN PROJET PERSONNEL

### Le congé pour création d'entreprise

Vous en avez assez de votre travail et des rapports salariés/employeur. Pourquoi ne pas vous mettre à votre compte ? Que vous rêviez d'ouvrir une parfumerie, de reprendre une boutique de prêt-à-porter ou d'exercer votre activité en indépendant, c'est possible sans prendre trop de risques grâce à un congé spécifique. Le congé pour création ou reprise d'entreprise vous donne la possibilité d'interrompre votre activité salariée ou de travailler à temps partiel pendant une année, voire deux, puis de retrouver votre emploi ou un emploi similaire avec une rémunération équivalente si votre projet n'aboutit pas. Pourquoi ne pas tenter votre chance ?

## Les conditions pour en bénéficier

Le congé pour création d'entreprise s'adresse à tout salarié qui justifie :

- d'une ancienneté dans l'entreprise (ou au sein du même groupe) égale ou supérieure à vingt-quatre mois (consécutifs ou non) ;
- ne pas avoir exercé ce droit au cours des trois années précédentes.

## Les démarches à accomplir

Vous devez adresser votre demande à votre employeur deux mois au moins avant le début du congé ou du temps partiel, par lettre recommandée avec avis de réception ou lettre remise en main propre contre décharge. Il vous faudra préciser :

- la date de début du congé ou de la réduction à temps partiel ;
- sa durée : un an maximum renouvelable une fois soit deux ans au total ;
- l'activité de l'entreprise que vous avez envie de créer ou de reprendre.

**Modèle de lettre pour une demande de congé pour création d'entreprise**

Madame/Monsieur,

Conformément à l'article L. 122-32-12 du Code du travail, dont je remplie les conditions, j'ai l'honneur de vous informer que je souhaite prendre un congé pour création d'entreprise à partir du …, pour une durée de (nombre de mois) … mois.
Je souhaite en effet créer une entreprise de (activité de l'entreprise que souhaite créer le salarié).
Conformément au Code du travail, mon contrat sera donc suspendu pendant cette période.

Dans l'attente de votre réponse, je vous prie d'agréer, Madame/Monsieur, l'expression de ma considération distinguée.

## Votre employeur peut-il refuser ?

Tout dépend de la taille de votre entreprise.

- Dans une entreprise de moins de deux cents salariés, votre employeur peut, après avis du comité d'entreprise ou à défaut des délégués du personnel, refuser votre demande s'il estime que le congé ou le passage du temps plein au temps partiel aura « des conséquences préjudiciables à la production de l'entreprise ». Il doit alors préciser le motif de son refus et vous en informer dans les trente jours suivants votre demande par lettre recommandée avec accusé de réception ou remise en main propre contre décharge. Vous pouvez toujours contester sa décision si elle ne vous semble pas justifiée en saisissant le conseil des prud'hommes dans les quinze jours suivant la réception de cette lettre.

- Dans une entreprise de plus de deux cents salariés, l'employeur ne peut pas refuser. Il peut seulement vous demander de différer votre congé d'au maximum six mois si un certain nombre de salariés sont déjà en congé pour création d'entreprise ou en congé sabbatique.

- Si votre employeur ne répond pas à votre demande dans les trente jours, son accord est réputé acquis.

## Que devient votre contrat de travail ?

Vous continuez à faire partie des effectifs de l'entreprise mais l'employeur n'est pas tenu de vous rémunérer. En outre, vous n'acquérez aucune ancienneté pendant la durée du congé.

Réfléchissez bien avant de faire votre demande car, une fois le congé accordé, vous ne pourrez pas revenir en arrière (sauf accord de votre employeur) et reprendre votre travail ou votre activité à temps plein avant la date fixée.

À la fin de votre congé deux possibilités s'offrent à vous :

- vous décidez de réintégrer l'entreprise. Vous devez alors en informer votre employeur au moins trois mois avant la fin du congé par lettre recommandée avec accusé de réception. Attention : votre congé ne sera pas pris en compte pour le calcul de vos futures vacances. Vous devrez patienter un an avant de pouvoir bénéficier de nouveau de cinq semaines de congés payés ;

- votre projet aboutit et vous décidez de ne pas réintégrer l'entreprise. Vous devez en informer votre employeur au moins trois mois avant la fin du congé par lettre recommandée AR. Votre contrat de travail sera rompu, mais vous n'aurez pas à effectuer de préavis.

## Le congé sabbatique

Réaliser un rêve comme faire le tour du monde ou prendre une année pour rien, c'est possible sans perdre son job ! Avec le congé sabbatique, prenez le temps de vivre vos envies ! Le congé sabbatique permet aux salariés remplissant des conditions précises d'ancienneté et d'activité de suspendre leur contrat de travail afin de réaliser un projet personnel. Sa durée est comprise entre six et onze mois. Pendant le congé, votre contrat est suspendu et vous n'êtes pas rémunérée. Vous avez le droit de travailler pendant cette période, à condition de ne pas porter concurrence à votre employeur. À l'issue du congé, vous serez réintégrée à votre poste ou à un poste similaire. Mais vous pouvez aussi décider de vous-même de mettre fin à votre contrat, sans préavis mais sans indemnités.

### Les conditions pour en bénéficier

Vous devez justifier, à la date de départ en congé, d'une ancienneté dans l'entreprise d'au moins trente-six mois consécutifs ou non, et de six années d'activité professionnelle. Restriction supplémentaire : vous ne devez pas avoir bénéficié durant les six années précédant la date de départ prévue, d'un autre congé sabbatique, d'un congé de formation ou d'un congé pour création d'entreprise, si ceux-ci se sont étalés sur une durée de six mois.

## Les démarches à effectuer

Adressez votre demande de congé à votre employeur par lettre recommandée AR trois mois à l'avance en précisant la date de votre départ et la durée de votre congé. Faites attention aux dates car les prolongations ne sont pas possibles et vous ne pourrez pas non plus revenir avant le terme fixé.

### Modèle de lettre pour une demande de congé sabbatique

Madame/Monsieur,

Conformément à l'article L. 122-32-18 du Code du travail, dont je remplis les conditions, j'ai l'honneur de vous informer que je souhaite prendre un congé sabbatique à partir du ..., pour une durée de ... mois (entre 6 et 11 mois).
Conformément au Code du travail, mon contrat sera donc suspendu pendant cette période.
(Si votre contrat de travail contient une clause de non-concurrence, préciser :)
Je m'engage à respecter l'obligation de non-concurrence portée à mon contrat de travail si j'ai l'occasion d'exercer, pendant ce congé sabbatique, une activité professionnelle.

Je vous prie d'agréer, Madame/Monsieur, l'expression de ma considération distinguée.

## L'employeur peut-il refuser ?

Tout dépend de l'effectif de votre entreprise. Si vous êtes plus de deux cents salariés, il ne peut pas s'y opposer mais a le droit de différer votre congé dans la limite de six mois. En revanche, si vous êtes moins de deux cents, il peut refuser le congé s'il estime, après avis du comité d'entreprise ou des délégués du personnel, que le congé aurait des conséquences préjudiciables à la production et à la bonne marche de l'entreprise. Il peut également reporter votre départ de neuf mois au maximum. Vous n'avez que quinze jours pour contester son refus auprès du conseil des prud'hommes.

## Les congés civiques

Vous avez besoin de vous sentir utile et souhaitez vous impliquer afin de venir en aide aux autres ou de participer à un effort collectif ? Vous pouvez le faire sans perdre votre emploi.

### Le congé pour catastrophes naturelles

Inondations, tempêtes… vous êtes prête à quitter votre travail pour aider les victimes. Vous pouvez suspendre votre contrat de travail afin de participer aux activités d'organismes apportant une aide aux victimes de catastrophe naturelle à condition qu'elle soit déclarée comme telle par arrêté ministériel. Il suffit d'habiter ou de travailler dans la zone déclarée sinistrée. Aucune condition d'ancienneté n'est exigée et un préavis de 24 heures est à respecter auprès de l'employeur. Le congé dure au maximum vingt jours consécutifs ou non. Il est non rémunéré sauf accord particulier avec votre employeur.

### Le congé de solidarité internationale

Si vous avez envie de participer à une mission d'entraide à l'étranger pour le compte d'une association humanitaire ou d'une organisation internationale dont la France est membre, vous pouvez suspendre votre travail pendant six mois au plus. Vous devez avoir au moins douze mois d'ancienneté dans votre entreprise. Faites votre demande à votre employeur au moins trente jours avant le départ. Il peut cependant refuser sous quinze jours, faute de quoi vous êtes libre de partir. Si la mission est urgente, vous pouvez demander un congé de six semaines avec un préavis de 48 heures. Votre manager doit vous répondre dans les 24 heures mais son silence ne vaut pas accord.

## Les autres congés

| Nature du congé | Nom du congé | Objectif poursuivi | Conditions à remplir | Durée du congé | Maintien du salaire par l'employeur |
|---|---|---|---|---|---|
| Formation | Congé de formation économique sociale et syndicale (art. L. 451-1 du Code du travail) | Acquérir des connaissances dans le domaine économique, social et syndical notamment en vue d'exercer des responsabilités syndicales ou au sein d'organismes à caractère économique et social | Aucune | • 2 jours au minimum • Plusieurs congés sont possibles dans l'année, dans la limite de 12 ou de 18 jours par an | Oui, à hauteur de 0,08 ‰ de la masse salariale |

.../...

.../...

| Nature du congé | Nom du congé | Objectif poursuivi | Conditions à remplir | Durée du congé | Maintien du salaire par l'employeur |
|---|---|---|---|---|---|
| | Congé examen (art. L. 931-1 du Code du travail) | Préparer et passer un examen en vue de l'obtention d'un titre ou d'un diplôme de l'enseignement technologique | • Mêmes conditions que pour le CIF • À noter : il n'y a pas de délai de franchise entre un CIF et un congé examen | 24 heures de temps de travail par année civile | Oui, toutefois, un organisme paritaire (FONGECIF ou OPCA dans certaines branches) peut rembourser l'employeur |
| Convenances personnelles | Congé sans solde | Au libre choix du salarié | • Aucune condition particulière • Accord entre l'employeur et le salarié | À déterminer avec l'employeur | Non |
| | Congé d'enseignement et de recherche (art. L. 931-28 du Code du travail) | Dispenser des heures d'enseignement ou mener des recherches | • Ancienneté : un an dans l'entreprise • Délai de franchise : 1/12 de la durée du précédent congé de même objet | Un an | Non |

| Nature du congé | Nom du congé | Objectif poursuivi | Conditions à remplir | Durée du congé | Maintien du salaire par l'employeur |
|---|---|---|---|---|---|
| | Congé mutualiste (art. L. 225-7 du Code du travail ; art. 114-24 du Code de la mutualité) | Suivre une formation à l'exercice des fonctions d'administrateur de mutuelle | Être administrateur d'une mutuelle régie par le Code de la mutualité | 9 jours par an | Non |
| | | Participer au conseil d'administration ou aux commissions d'une mutuelle | Être membre d'un conseil d'administration ou d'une commission d'une mutuelle | Temps nécessaire à la participation | Oui |
| Exercice d'un mandat | Absences du conseiller prud'homal (art. L. 514-1 et L. 514-3 du Code du travail) | Exercer le mandat de conseiller prud'homal | Être conseiller prud'homal | Temps nécessaire à la réalisation de toutes les missions exigées par le mandat | Oui, mais l'employeur est remboursé par l'État |
| | | Suivre une formation à l'exercice du mandat de conseiller prud'homal | | 36 jours par mandat | Oui |

Partie **2**

# ORGANISEZ VOTRE VIE PRIVÉE

*N*ous avons vu comment mieux organiser sa vie professionnelle de manière à se libérer davantage de temps pour sa vie
privée. Mais l'équilibre ne sera atteint que si votre vie privée
est épanouie sur tous les plans : vie familiale, vie amicale, vie
de couple, vie personnelle. Il est donc aussi important d'être
bien organisée dans sa vie privée pour en profiter pleinement.
Il est facile de se laisser déborder par les activités ménagères et
le temps consacré aux enfants. Si ces tâches ne vous laissent
plus un moment pour vous-même, votre épanouissement en
pâtira. Vous ne vous sentirez pas bien. Il vous manquera ces
moments précieux qui rendent votre vie positive. Pour cela, il
est tout d'abord nécessaire d'évacuer au mieux les tâches
désagréables. Ainsi, vous aurez du temps pour vos loisirs,

pour vous détendre. Selon une enquête « Temps de travail, temps parental » réalisée en 2006 pour le compte du ministère du Travail, **la charge parentale est évaluée en moyenne à un mi-temps hors temps de travail.** Or, concernant le partage du temps consacré aux enfants, même si les choses ont évolué, les femmes en assurent la plus grande part. Ainsi, le père et la mère se répartissent la responsabilité parentale hebdomadaire à raison d'un tiers/deux tiers, soit à peine 13 heures pour le père contre 25 heures et demie pour la mère. Quant aux tâches ménagères, elles sont en grande majorité toujours assumées par les femmes. Elles consacrent deux fois plus de temps aux tâches domestiques que les hommes, soit 4 h 30 en moyenne par jour contre 2 h 10. Il existe cependant de nombreuses solutions pour en diminuer la charge. Suivez le guide ! Ensuite, pour atteindre l'équilibre vie professionnelle, vie privée, il est indispensable, pour tout parent et toute mère, de se sentir sereine concernant ses enfants. Vous n'apprécierez votre travail et vos moments de détente que si vos enfants sont « en de bonnes mains ». Pour cela, il vous faut trouver le mode de garde qui vous convient. Il peut être différent pour chacune d'entre vous. Quand vos enfants ne sont pas avec vous, vous devez les savoir en sécurité et heureux. Que vous soyez à votre travail ou en train de vous détendre, vous pourrez alors profiter à 100 % de ce que vous faites. Des solutions existent. Assemblées les unes aux autres, elles vous permettront d'atteindre cet équilibre tant recherché entre votre vie professionnelle et votre vie privée.

# Chapitre 3

# Gagnez du temps dans votre vie privée

## Tâches ménagères : être organisée à la maison !

Courses, repassage, ménage, rangement... sont toutes les tâches dites « ménagères » dont vous vous passeriez bien mais qui sont pourtant incontournables. Il est possible de les simplifier. Généralement qualifiées de corvées, elles peuvent être facilitées et réduites au strict nécessaire. Il faut pour cela être méthodique et ne pas hésiter à profiter des aides à votre disposition. Vous pourrez alors consacrer le reste de votre temps à des activités qui vous font plaisir.

### FIXEZ-VOUS UN EMPLOI DU TEMPS HEBDOMADAIRE !

Commencez par évaluer le temps dont vous avez besoin chaque semaine pour le ménage, le repassage et les courses. Par exemple, une heure de repassage, deux heures de ménage et deux heures de courses. Pour ne pas y passer vos week-ends et vos soirées, fixez un jour et un créneau horaire lors duquel vous vous consacrerez à chacune d'elle. Et imposez-vous de ne pas dépasser ce jour et ce créneau. Vous constaterez qu'il vous reste beaucoup de temps pour vos autres activités. Évitez de planifier ces tâches en fin de week-end. Vous risquez de terminer votre week-end sur une note négative. Essayez de les concentrer sur le début de la journée ou de l'après-midi ou un soir sur deux en semaine. Concernant le rangement, le plus simple est de le faire un peu tout le temps. Et surtout, exigez que tous les membres de la famille rangent leurs affaires quotidiennement. N'acceptez pas que les vêtements traînent par terre, exigez que celui qui boit un verre le rince ou le mette dans le lave-vaisselle, etc. Si chacun y met du sien, vous ne passerez plus votre temps à ranger !

## DÉLÉGUEZ ET FAITES PARTICIPER LE RESTE DE LA FAMILLE !

Vous n'avez pas à tout assumer toute seule. Partagez les tâches avec votre conjoint ou compagnon en fonction de vos compétences et affinités respectives. Il ne sait pas cuisiner, ni repasser une chemise. Confiez-lui les courses et le rangement de la maison ! C'est au contraire un fin cuisinier mais il n'entend rien au ménage, laissez-le prendre en main les repas. Il est sportif et a besoin de son jogging dominical pour se sentir bien. Envoyez-le courir en suivant l'aîné à vélo. Il partagera une activité sportive avec l'un des enfants et vous soulagera pendant ce temps. S'il est important de privilégier certaines activités avec tous les membres de la famille réunis, il est aussi très enrichissant d'en faire d'autres séparément, en fonction des affinités de chacun. Vous verrez les relations personnelles entre les membres de la famille s'enrichir. Une famille heureuse n'est pas nécessairement celle qui fait tout ensemble.

Enfin, n'hésitez pas à apprendre aux enfants à participer aux tâches ménagères. Dès l'âge de 2 ans, les enfants ressentent naturellement le besoin d'aider par mimétisme. N'attendez pas qu'ils aient 10 ans pour leur apprendre à vous aider, ce sera trop tard. Il n'est évidemment pas question de leur confier des tâches inadaptées à leur âge. Mais ramener son verre ou la corbeille de pain à la fin du repas est un bon début. Ne les bridez pas dans leur envie d'aider. Évitez les phrases : « Non, tu es trop petit ! » Encouragez-les et donnez-leur des tâches à la hauteur de leurs capacités. Si vous les félicitez lorsqu'ils accomplissent une tâche, ils ressentiront la notion de service comme un acte positif. En grandissant, vous pouvez leur imposer un certain nombre de règles qui font partie de la vie en collectivité : faire son lit le matin, déposer son linge sale dans le panier, mettre le couvert, débarrasser la table. Et s'ils contestent, expliquez-leur qu'il est normal quand on vit à plusieurs de s'aider et que chacun participe à sa façon. À l'école, il range bien son bureau, accroche son blouson au portemanteau, etc. Et la maîtresse partage les « services et responsabilités » entre les différents élèves de la classe (ranger les chaises, vider la poubelle, tenir la porte, etc.). Vos enfants n'en seront que plus structurés et mieux armés pour affronter la vie en société. Vous appréciez quand vos enfants vous remercient à la fin du dîner pour ce bon repas. Alors n'oubliez pas non plus de les remercier régulièrement. Même s'il est normal de rendre un service, il est aussi important d'en être remercié de temps en temps.

## SIMPLIFIEZ-VOUS LES COURSES !

Remplir le Frigidaire, habiller les enfants… pas une semaine ne passe sans qu'il faille faire les courses ! L'idéal est ne pas y consacrer plus de deux heures par semaine. Il existe plusieurs astuces pour gagner en efficacité !

• Avant d'écrire votre liste, établissez les menus de la semaine. Cela vous évitera d'acheter trop ou pas assez et de faire toujours la même chose. En plus, vous n'aurez pas à vous creuser la tête toute la journée pour savoir ce que vous allez cuisiner en rentrant pour le dîner.

• Pour aller plus vite dans le magasin, classez les produits par rayons en fonction du plan du supermarché où vous allez. Les fruits et légumes, puis les viandes, les produits laitiers, etc.

• Si vous ne supportez pas l'affluence dans les magasins le week-end, profitez des supermarchés ouverts tard le soir et faites-vous livrer pour éviter d'arriver épuisée à la maison. Le coût de la livraison varie entre

5 et 10 euros selon les magasins. Dans certaines enseignes, la livraison est même gratuite au-delà d'un certain montant d'achat.

- Utilisez Internet !

Il existe quatre grandes enseignes qui ont ouvert des sites de cybermarché : telemarket.fr, houra.fr, ooshop.fr, auchandirect.fr. Les frais de livraison vont de 4 à 12 euros en fonction du montant du panier. Si le choix n'est pas forcément aussi important qu'en magasin, les supermarchés en ligne ont beaucoup amélioré leur offre. De nombreux services sont proposés pour optimiser votre temps. Vous pouvez, par exemple, enregistrer votre panier avec vos produits de base et conserver la liste pour vos prochains achats. Si vous trouvez que faire la totalité de vos courses en ligne revient trop cher, vous pouvez aussi opter d'acheter seulement certains produits en faisant le plein une fois par mois (épicerie, liquides et produits ménagers ou d'hygiène). Et ne vous déplacez que pour les produits frais auprès des petits commerçants ou au marché. Les courses vont alors devenir un vrai plaisir.

**pour en savoir plus**

Le site www.supermarche.tv vous présente les offres des différents supermarchés en ligne avec un tableau comparatif des tarifs et services proposés.

Pensez aussi à utiliser Internet pour l'achat des vêtements des enfants ! De nombreux sites sécurisés proposent des lignes de vêtements pour enfants à des prix très attractifs. En commandant une fois vous recevrez régulièrement des offres promotionnelles. Rapide et efficace, vous pouvez être livrée dans un « relais-colis », c'est-à-dire une boutique de votre quartier en 24 ou 48 heures sans frais supplémentaires. Les coûts de livraison sont

### Puis-je faire mes courses en ligne au bureau ?

La consultation du web pour un motif personnel si elle est ponctuelle et dans des limites raisonnables est tolérée. Et à condition bien sûr que les sites consultés ne soient pas contraires à l'ordre public et aux bonnes mœurs et ne mettent pas en cause l'intérêt et la réputation de l'entreprise. Préférez cependant l'heure de la pause déjeuner pour faire vos courses en ligne afin de ne pas empiéter sur votre temps de travail. Et attention, même si la pause déjeuner n'est pas un moment où vous êtes rémunérée et donc où vous risquez de vous voir notifier une sanction, n'abusez pas d'Internet trop longtemps par semaine à des fins personnelles. Votre ordinateur reste un outil professionnel appartenant à l'entreprise. De plus, si vous passez toutes vos pauses déjeuner à faire vos achats en ligne, cela risque de se retourner contre vous et d'inciter votre employeur à installer un système de filtrage.

Pour éviter le surf sur des sites web, le seul moyen pour les entreprises est en effet d'installer des systèmes de filtrage (pare-feu, installation d'une « liste blanche » qui consiste à interdire tout le web, à l'exception d'une sélection des sites professionnels). Mais soyez vigilante car même s'il n'existe pas de système de filtrage, il existe toujours un historique des connexions et des données de connexion qui peut permettre à l'employeur d'avoir connaissance des sites consultés et des horaires. Au bureau vous êtes censée vous consacrer aux fonctions pour lesquelles vous êtes rémunérée. À défaut, vous pouvez être sanctionnée par un avertissement par exemple.

en général de 6 euros. Les plus connus sont laredoute.fr, vertbaudet.fr, 3suisses.fr, kiabi.fr, cyrillus.fr, dpam.fr. La vente en ligne est soumise aux règles de la vente par correspondance. Le vêtement n'est pas de la bonne taille, la coupe ou la couleur ne vous plaît pas ou ne plaît pas à votre bout'chou : vous avez quinze jours pour changer d'avis et rendre le vêtement, à condition qu'il n'ait pas été porté, et sans avoir à vous justifier !

Vous serez remboursée sauf des frais de livraison qui restent à votre charge.

## UTILISEZ LES SERVICES À DOMICILE GRÂCE AU CESU !

Autre solution, pour vous décharger des tâches ménagères, pourquoi ne pas recourir au service d'un employé à domicile ? Que ce soit pour le ménage, le soutien scolaire ou les cours à domicile, l'emploi d'un salarié à domicile peut vous soulager dans votre vie quotidienne. Cela a certes un coût, mais vous pouvez le réduire en économisant sur vos impôts. En outre, les démarches et modalités de paiement sont facilitées grâce au chèque emploi service universel (CESU). Lancé le $1^{er}$ janvier 2006, le CESU permet de régler tous les services à domicile. Il remplace les anciens chèques emploi-service et titres emploi-service. Le CESU se présente sous deux formes : celle d'un chèque (CESU bancaire) disponible auprès de votre banque, et celle d'un titre spécial de paiement (CESU préfinancé) avec une valeur définie (comme le Ticket-Restaurant) disponible auprès d'organismes agréés qui cofinancent le coût du service (employeur, caisses de retraite et de prévoyance, organismes sociaux…).

### *Comment ça marche ?*

Vous pouvez utiliser le CESU pour payer :

- un organisme agréé (entreprises, associations et établissements publics) prestataires de services à la personne ;

- un salarié que vous employez en direct ;

- une structure mandataire agréée, chargée par le particulier employeur d'effectuer l'ensemble des formalités sociales (établissement du contrat de travail et des bulletins de paie ; calcul et déclaration des cotisations sociales correspondantes) ;

* la garde d'enfants hors de votre domicile, assurée par les assistantes ou assistants maternels agréés ou les établissements agréés : crèches, haltes-garderies, jardins d'enfants.

Ainsi, vous pouvez choisir l'emploi direct en embauchant vous-même votre salarié à domicile. Mais si vous ne savez pas à qui vous adresser pour vous aider dans vos recherches, vous avez aussi le choix de faire appel à une structure agréée par l'État, entreprise, association ou établissement public qui vous fournit un employé.

Pour connaître les organismes de services à la personne agréés, adressez-vous à l'Agence nationale des services à la personne qui publie le *Répertoire national des organismes agréés de services à la personne.* Chaque émetteur de CESU préfinancé dispose d'un réseau d'organismes intervenants agréés dont il vous remettra la liste.

## adresses utiles d'organismes agréés

– Fourmi verte (tél. : 0811 88 66 44 ou www.fourmi-verte.fr) vous donne la liste des associations qui correspondent à vos besoins et vous met en contact pour un rendez-vous.
– La Maison du particulier employeur (tél. : 0 826 27 15 15, (0,15 €/min) ou www.particulieremploi.fr) : vous pouvez rédiger une offre d'emploi sur Internet et obtenir les coordonnées des salariés ayant répondu à votre demande.
– La Poste (tél. : 0892 692 592 (0,34 €/min) ou www.genius-laposte.fr) : vous formulez votre demande par téléphone et votre interlocuteur vous trouve le professionnel dont vous avez besoin.

## Les avantages

- Vos **démarches administratives vont être simplifiées**. Le chèque vous dispense d'effectuer la déclaration à l'URSSAF et tout ce qui concerne la demande d'immatriculation à la Sécurité sociale pour un salarié non immatriculé. Vous n'êtes plus tenue de remplir un bulletin de salaire ou faire le calcul des cotisations sociales et des congés payés.

- Vous pouvez bénéficier **d'avantages fiscaux** non négligeables. Vous pouvez profiter d'une réduction d'impôt sur le revenu. Ainsi, si vous employez un salarié à domicile, vous pouvez déduire de vos impôts 50 % des sommes versées (salaires et charges), dans la limite de 12 000 euros, soit une réduction maximale de 6 000 euros par an.

- Vous pouvez aussi bénéficier d'un **crédit d'impôt pour les gardes d'enfants à l'extérieur** de votre domicile. À compter de l'imposition des revenus 2006, les dépenses de gardes d'enfants de moins de six ans hors de votre domicile vous donnent droit à un crédit d'impôt de 50 %, contre 25 % pour les revenus 2005. Et ce, dans la limite de 2 300 € par enfant et par an, soit un avantage maximal de 1 150 € pour 2006.

## Où trouver le CESU ?

- Le CESU bancaire se procure gratuitement dans votre agence bancaire ou postale. Vous devez remplir une demande d'adhésion la première fois que vous l'utilisez et une autorisation de prélèvement automatique des cotisations sociales sur votre compte. Il s'utilise comme un chèque bancaire sur lequel vous inscrivez le montant de la rémunération de votre salarié.

- Le CESU préfinancé peut vous être remis par votre entreprise (votre employeur ou le comité d'entreprise) ou par un organisme de protection sociale (Caisse d'allocation familiale, mutuelle, assurance), etc.

Prenez contact avec votre entreprise ou l'un de ces organismes cofinanceurs. Les chèques sont d'un montant déjà fixé, par exemple 15 euros, et fonctionnent comme des Tickets-Restaurants. Ils vous permettent d'accéder à un service à la personne à moindre coût, voire gratuitement.

## Les aides et réductions dont vous pouvez bénéficier

Si vous employez…

- une garde d'enfants à domicile : vous pouvez bénéficier de la prestation d'accueil du jeune enfant (PAJE), ou de l'allocation garde d'enfants à domicile (AGED), de l'allocation municipale garde d'enfants à domicile (selon les municipalités), et d'une réduction ou d'un crédit d'impôt sur le revenu correspondant à 50 % des frais engagés ;

- une employée de maison (femme de ménage) : vous bénéficiez d'une réduction ou d'un crédit d'impôt sur le revenu de 50 % des frais engagés ;

- un jardinier : vous bénéficiez d'une réduction ou d'un crédit d'impôt sur le revenu de 50 % des frais engagés ;

- une assistante maternelle agréée : vous pouvez bénéficier de la prestation d'accueil du jeune enfant (PAJE) ou de l'aide à la famille pour l'emploi d'une assistante maternelle agréée (AFEAMA), d'une majoration d'aide à la famille et d'un crédit d'impôt à hauteur de 50 % des frais engagés.

> **pour en savoir plus**
>
> L'Agence nationale des services à la personne (ANSP) a mis en place le 32 11 (0,12 €/min), plate-forme téléphonique d'information sur les services existants, les aides fiscales et le chèque emploi-service universel (CESU). Les mêmes informations sont disponibles gratuitement, sur le site : www.servicesalapersonne.gouv.fr.

# Occupez-vous de vous !

Pas facile de jongler entre sa vie professionnelle, d'épouse, de mère, tout en gardant des moments pour soi. Entre les enfants qui vous réclament à corps et surtout à cri, votre mari qui a aussi besoin d'attention, votre boss qui parle en heures supplémentaires et non en RTT, votre emploi du temps est chargé. Selon une étude réalisée par l'Ipsos, **65 % des femmes actives regrettent de ne pas consacrer assez de temps à elles-mêmes** (sans pour autant s'en plaindre, même si elles en souffrent). Angoisse, culpabilité, frustration… l'absence de temps pour soi est un frein à votre équilibre. Ce temps, même s'il est réduit au strict minimum, doit être trouvé. Avec un peu de volonté, tout le monde peut trouver une heure pour se faire plaisir. Une fois par trimestre, offrez-vous un soin : coiffure, manucure, institut de beauté, hammam… Cela coûte cher ? Pourquoi ne pas vous le faire offrir en cadeau à Noël ou pour votre anniversaire ? Et pour être sûre de ne pas passer à côté, fixez une date et un rendez-vous longtemps à l'avance. Que ce soit pendant la pause déjeuner ou un soir après le travail, ces petits moments vous feront apprécier votre vie. Et si vous ne trouvez vraiment pas le temps de vous déplacer, pensez aux services à domicile. Ils sont de plus en plus accessibles. Certains organismes vous proposent même des tarifs identiques à ceux pratiqués en salon ou en institut de beauté. Se faire chouchouter chez soi est aussi une solution : coiffure, manucure, maquillage, massage, soins esthétiques sont à disposition. Exemple d'organisme : Viadom service à domicile (tél. : 0825 069 068 ou www.viadom-services.com).

De la même manière, laissez une fois de temps en temps mari et enfants à la maison pour un dîner entre amies. Décrocher de ses obligations familiales, maritales et professionnelles permet de mieux les assumer. Imposez-vous ces moments entre amies. Même si cela vous oblige à vous organiser, au final vous en ressentirez un véritable bienfait. Et pas la peine d'en faire trop pour que cela tourne au casse-tête, trois fois par an, c'est un bon début et votre famille ne pourra pas s'en plaindre ni vous le reprocher !

## DORMEZ BIEN !

Bien dormir est indispensable pour récupérer et lutter contre la fatigue quotidienne. Or une fatigue quotidienne finira par peser sur votre équilibre de vie. Paradoxalement, beaucoup d'entre nous ne parviennent pas à s'endormir parce qu'ils se couchent trop tard. En respectant quelques mesures essentielles vous retrouverez un sommeil serein :

- couchez-vous dès que vous commencez à bâiller ou que vos paupières s'alourdissent ;

- n'abusez pas dans la journée d'excitants comme le chocolat noir ou le Coca-Cola dont la teneur en caféine freine l'endormissement ;

- ne dînez pas trop copieusement ;

- évitez les discussions stressantes le soir ;

- ne faites pas de sport trop tard dans la journée car il entraîne la sécrétion d'hormones antisommeil ;

- préférez aux somnifères les tisanes de passiflore ou de valériane ou le verre de lait au miel riche en acides aminés sédatifs ;

- prenez un bain tiède pour faire redescendre la température corporelle et faciliter votre endormissement.

## SACHEZ VOUS DISTRAIRE !

Pour préserver votre équilibre il est important de savoir, de temps en temps, se déconnecter de sa vie familiale et professionnelle en effectuant des activités qui vous reconnectent à vous-même. Sans multiplier les activités, s'accorder des moments qui vous font plaisir à titre personnel est primordial. À la fin d'une journée ou d'une semaine de travail, prévoyez des activités que vous affectionnez et prenez le temps de vous tourner vers vos centres d'intérêts. Vous découvrirez par vous-même une place autre que la maison et le travail où vous pourrez vous détendre et vous amuser. Ces activités peuvent être effectuées en famille ou en couple. L'important est qu'elles correspondent à des envies qui vous sont personnelles. En trouvant des moments pour vous déconnecter et vous distraire, vous accepterez mieux les contraintes de la vie professionnelle et familiale.

**nos conseils**

Organisez votre emploi du temps afin de suivre avec régularité votre nouvelle activité.
Sport, musée, cinéma, théâtre, balade, il peut s'agir d'une activité régulière ou occasionnelle selon vos disponibilités et votre caractère. Chaque année, fixez-vous des objectifs « loisirs ». Vous aimez la musique, choisissez deux concerts auxquels vous souhaitez assister cette année. Vous aimez la peinture, fixez-vous deux musées à visiter. Vous aimez la gastronomie, repérez de nouveaux restaurants à tester.

Le choix est très large, et chacune en fonction de sa personnalité et de ses moyens peut trouver son bonheur : activités ludiques, sport, art, bénévolat, etc. Ces loisirs auront également des bienfaits sur votre vie professionnelle. Ainsi, rejoindre une équipe de théâtre amateur sera aussi fructueux que de suivre une formation de trois jours sur la prise de parole en public. Des séances de yoga hebdomadaires vous apporteront plus de bien-être au travail qu'une réflexion théorique et des exercices sur la maîtrise du stress. La participation à un atelier d'écriture ou de lecture vous permettra de développer vos capacités écrites et orales de manière plus agréable que n'importe quel guide pratique. Si votre activité professionnelle est essentiellement cérébrale, investissez-vous dans la pratique d'un sport en solo ou en équipe. Un moyen de se dépenser mais également de se dépasser. Et lancez-vous au plus vite. Il n'est pas nécessaire d'attendre la rentrée de septembre ou les bonnes résolutions en début d'année pour commencer une nouvelle activité. Tout au long de l'année, clubs, centres sportifs, associations vous sont ouverts.

## Faites appel au comité d'entreprise !

N'hésitez pas à vous tourner vers les avantages offerts par votre entreprise. Les entreprises de cinquante salariés et plus doivent, en effet, constituer un comité d'entreprise qui dispose notamment d'attributions sociales et culturelles. Il doit ainsi organiser et développer des activités sociales et culturelles en faveur des salariés, des anciens salariés et de leur famille qui sont financées sur un budget spécifique attribué par l'entreprise. Il s'agit de prestations non obligatoires légalement, fournies aux personnes pour leur bien-être ou l'amélioration de leurs conditions de vie. Ces activités touchent aux loisirs, aux vacances, au sport, à la culture mais peuvent également prendre la forme d'une participation à la prise en charge d'une mutuelle de santé, d'une cantine ou d'une partie du coût du CESU préfinancé (ou « titre CESU »).

## Réservez des moments pour votre couple

Entre les enfants et votre boulot, il vous reste peu de moments à deux. Or pour votre épanouissement personnel, vous retrouver de temps en temps en couple est primordial. Votre couple a autant besoin d'investissement que votre famille ou votre boulot. Pour vous sentir « femme », et non plus mère ou collègue, pour éviter ce sentiment d'insatisfaction qui empêche l'équilibre tant recherché. Pour cela, mettez en place des petits moments de complicité avec votre conjoint ou compagnon.

Ce n'est pas toujours facile de laisser son bout'chou un soir sans culpabiliser alors qu'on ne l'a pas vu de la journée. Sachez cependant que c'est très important pour un enfant de voir que son papa et sa maman s'aiment. C'est d'ailleurs grâce à ce lien d'amour qu'il est né et que vous formez aujourd'hui une famille. Sachez dire à vos enfants que papa et maman ont besoin d'être tous les deux car ils sont amoureux. Vos enfants, en vous voyant heureux, profiteront aussi de ce moment de liberté sans vous. À vous de créer ces moments et de vous organiser pour que tout se passe bien à la maison pendant ce temps-là. Sans en faire trop, vous pouvez prévoir un dîner en tête à tête ou une sortie au théâtre ou au cinéma tous les trimestres par exemple. Et pourquoi pas chaque année un week-end tous les deux ?

Pour une soirée, une baby-sitter ça se trouve ! Renseignez-vous auprès des autres mamans du quartier qui ont peut-être des aînées qui seront ravies de se faire un peu d'argent de poche ou auprès des commerçants : pharmacien, boulanger, etc. Encore mieux, envoyez-le dormir chez un cousin ou un copain ! Ce sera également un moment de fête pour votre enfant ! Pour un week-end, sollicitez la famille ! Demandez aux grands-parents, à la tante, au parrain ou à la marraine de garder vos enfants. Deux jours, c'est vite passé pour un enfant et ils auront sûrement plein de choses à vous raconter à votre retour. Que ce soit des amis ou une personne de la famille, choisissez quelqu'un en qui vous avez une entière confiance pour partir l'esprit tranquille. Et s'ils ont des enfants, proposez-leur de leur rendre la pareille en prenant leurs enfants un prochain week-end.

## Ne négligez pas votre vie sociale !

Les amis aussi c'est important ! Avoir une vie sociale est nécessaire pour une vie équilibrée. Mais après une journée ou une semaine de boulot, comment préparer un dîner pour six ou huit personnes ? En s'organisant et en acceptant de ne pas trop en faire, il est possible de profiter de ses amis sans que cela soit un casse-tête. Tout d'abord en préparant son dîner la veille.

**Témoignage :** Caroline, 37 ans – maman de Clara, 5 ans
et Hugo, 8 ans

« J'adore recevoir mes amis le soir pour le dîner. Rien de tel pour se détendre après une journée de boulot. Mais c'est vrai que je ne rentre pas avant 19h30 et sur les rotules. Entre le bain, le dîner des enfants, pas question de me mettre au fourneau ! J'ai trouvé la solution. Je prépare mon dîner la veille. Un bon plat en sauce est encore meilleur le lendemain ! »

Sachez aussi ne pas en faire trop. Vous recevez vos copains, pas la reine d'Angleterre. Alors si vous n'avez pas le temps ou le courage de cuisiner, optez pour la formule « apéro dînatoire ».

**Témoignage :** Nathalie 32 ans – maman de Léa, 6 ans
et Malo, 2 ans.

« Pour commencer le week-end dans une ambiance détendue, j'adore inviter mes amis à la maison le vendredi soir. Le dîner des enfants est expédié : un plat de pâtes ou une pizza. Ils savent que ce soir-là nos amis viennent et sont ravis de ce moment festif à la maison. Je rentre à 19 heures et n'ai pas le temps de cuisiner ni de mettre la table. Je préviens mes amis que c'est un apéro dînatoire. J'achète des tas de trucs à grignoter. Il y en a toujours un ou deux qui propose d'apporter quelque chose. Cela crée une très bonne ambiance. Rien de tel pour déconnecter rapidement du boulot et bien entamer son week-end sans que ce soit un calvaire ! »

# Chapitre 4

# Enfants : travaillez l'esprit tranquille !

Avec deux enfants en moyenne, les Françaises sont les championnes de la fécondité en Europe. Et comme elles sont 80 % à occuper un emploi, le bon équilibre entre leur vie de mère et leur travail ne peut passer que par un système de garde pour leurs enfants adapté et performant. Pourtant 45 % des parents indiquent avoir recours à un mode de garde qui n'a pas leur préférence (enquête Crédoc 2000). Il est vrai qu'on ne confie pas facilement son enfant à une autre personne. De plus, les besoins de chaque parent sont différents en fonction de leurs horaires, des endroits où ils habitent, de leurs souhaits éducatifs, de leur personnalité. Nous avons la chance d'avoir en France une grande diversité de modes de garde. De la crèche collective à la crèche familiale, en passant par la crèche d'entreprise, la halte-garderie, l'assistante maternelle agréée ou l'employée à domicile, le choix est vaste. Pour en être satisfaite, encore faut-il qu'il vous convienne. Le choix du mode de garde est en effet un des premiers grands choix éducatifs que l'on fait. S'il n'a pas lieu dans de bonnes conditions, vous vous sentirez atteinte dans votre rôle de mère. Voici quelques clés pour trouver le mode de garde qui vous correspond !

# Trouvez le mode de garde qui vous convient

Pas facile de savoir à qui confier son enfant. Auxiliaire de puériculture, assistante maternelle ou nourrice à domicile ? Le choix est d'autant plus délicat qu'il vous faut tenir compte non seulement de vos désirs, mais aussi des possibilités réelles existant dans votre région et de votre budget. Quoi qu'il en soit, avant de vous décider, il est important d'évaluer le coût des différents modes de garde, d'en mesurer la souplesse et de comparer leurs atouts respectifs. Pour le reste, laissez parler votre cœur : c'est vous qui connaissez le mieux votre enfant et qui savez ce qui lui conviendra le mieux. Sachez qu'il se sentira bien si vous êtes sereine dans votre choix. Si votre enfant est sécurisé affectivement, il prendra ses repères et ses habitudes. Les relations entre les parents et les personnes qui s'en occupent doivent être de qualité pour qu'il se sente bien. Le plus important, pour lui comme pour vous, est la stabilité du lieu et des personnes. Il n'existe pas de mode de garde idéal. Chaque système de garde a ses avantages et ses inconvénients. Le meilleur mode de garde est celui qui crée le moins de tension et qui est à la fois le mieux accepté par l'enfant et par les parents.

## LES DIFFÉRENTS MODES DE GARDE DES TOUT-PETITS

### Les crèches

Collective, familiale, parentale, d'entreprise... les crèches prennent des formes variées pour mieux répondre aux besoins spécifiques des parents.

### La crèche collective

Idéale si votre emploi du temps est parfaitement planifié, mais le nombre de places en crèche est limité. Seuls 20 % des enfants d'une certaine tranche d'âge (2 mois à 3 ans) trouveront une place en crèche.

## Comment ça marche ?

Elle accueille généralement de 30 à 60 enfants âgés de 2 mois à 3 ans, à la journée ou pour quelques heures. Le temps de présence de votre enfant doit être défini à l'avance, et sur l'année entière. Il figure dans le contrat individualisé que vous signez avec la crèche. Certaines crèches acceptent la formule du temps partiel, c'est-à-dire quatre jours de garde par semaine. Dans la plupart des cas, les crèches sont ouvertes de 7h30 à 18h30. Mais certaines offrent des horaires élargis. Les petits sont encadrés par une équipe de professionnelles (puéricultrices, auxiliaires de puériculture, éducatrices de jeunes enfants) auxquelles s'adjoignent des spécialistes (pédiatre, psychologue) qui assurent des visites régulières. Votre enfant bénéficie donc d'un suivi médical régulier. On compte en moyenne une auxiliaire puéricultrice pour quatre enfants.

## Combien ça coûte ?

Idéal pour les petits budgets, le coût de ce mode de garde est calculé en fonction de vos ressources et du nombre d'enfants que vous souhaitez faire garder. De plus, vous pouvez bénéficier d'une réduction d'impôts. Le montant en est également différent d'une commune à l'autre, selon le taux de la subvention octroyée par la municipalité. Votre participation financière est calculée sur l'année (à partir du nombre de jours et d'heures sur lesquels vous vous engagez), puis mensualisée. De cette façon, votre budget crèche ne varie pas d'un mois sur l'autre. À titre indicatif, il variera de 6 à 24 euros par jour, le paiement étant le plus souvent mensualisé. Vos cinq à six semaines de congés annuels vous seront décomptées le moment venu. Pour savoir combien la garde de votre enfant va vous coûter, calculez le nombre annuel d'heures dont vous avez besoin (hors vacances et RTT), puis faites le calcul suivant : divisez vos ressources annuelles (net fiscal) par 12, multipliez par le taux d'effort[1], puis par le nombre annuel d'heures de garde divisé par 12.

---

1. Taux d'effort : 0,06 % pour les familles ayant un seul enfant ; 0,05 % pour 2 enfants ; 0,04 % pour 3 enfants ; 0,03 % pour 4 enfants.

### Les aides financières

La CAF ne verse pas d'allocation spécifique pour la garde en crèche. Ainsi, le complément dit « de libre choix de mode de garde » de la PAJE (prestation d'accueil du jeune enfant) ne s'applique pas à la crèche. Vous pouvez néanmoins bénéficier d'un crédit d'impôt égal à 50 % des sommes versées pour la garde de votre enfant, dans une limite de 2 300 euros par an et par enfant de moins de 7 ans. Pour cela, vous devez travailler à mi-temps au minimum. Et si vous n'êtes pas imposable, cette somme vous sera versée par le Trésor public.

> **Exemple :** Pour un couple ayant un enfant de moins de 3 ans, déclarant des revenus de 48 000 euros par an et laissant leur enfant à la crèche 9 heures par jour et cinq jours par semaines pendant quarante-six semaines par an, le coût après crédit d'impôt sera d'environ 318 euros par mois.

### Comment s'inscrire ?

Cela dépend des villes. Les inscriptions se font soit directement dans les crèches, soit auprès du service Petite Enfance de la mairie, soit encore auprès du centre de protection maternelle et infantile (PMI). Les places sont souvent restreintes surtout dans les grandes villes. Il est donc conseillé de s'inscrire le plus tôt possible.

* Dans les grandes villes, on conseille ainsi aux mamans de s'inscrire dès le début de la grossesse, parfois au troisième, au quatrième, voire au sixième ou au septième mois. La demande doit toujours être confirmée à la naissance de l'enfant. Dans le cas contraire, elle est annulée. Les places sont généralement attribuées au mois de juin. Mais des places supplémentaires peuvent se libérer en cours d'année en cas de désistement (déménagement, changement professionnel, etc.).

* Si les places sont chères dans votre commune, mettez toutes les chances de votre côté en rencontrant les responsables. Ainsi, prenez

rendez-vous avec la directrice de la crèche et rencontrez-la en couple. Vous n'en paraîtrez que plus motivés et, par la suite, vous pourrez venir aux nouvelles chacun votre tour.

- Présentez-lui votre demande comme un choix : vous avez envie que votre enfant soit accueilli par de vrais professionnels, dans une structure adaptée. Et ne vous laissez pas décourager par ses propos. Elle risque de vous laisser peu d'espoir, cela fait partie du jeu. Elle cherche donc à orienter les parents les moins attachés à une garde collective vers d'autres solutions.

- N'hésitez pas à la rappeler très régulièrement, une fois par mois par exemple, simplement pour lui confirmer que vous êtes toujours intéressée.

- Écrivez ou rencontrez le responsable de la petite enfance de votre mairie. Ainsi, le jour où les attributions se feront, vous ne serez pas un dossier anonyme.

### Avantages

- Votre enfant est bien surveillé sur le plan de la santé, de la nutrition et de l'hygiène. L'hygiène est irréprochable. La crèche est soumise au contrôle et à la surveillance d'un médecin responsable du service départemental de la PMI (Protection maternelle et infantile). Les enfants sont encadrés par des professionnels. C'est très rassurant pour les mamans angoissées !

- Il profite d'un large espace et d'activités pédagogiques d'éveil adaptées à son âge. L'ambiance y est très ludique : les couleurs sont gaies, on fête les anniversaires, on se déguise pour Mardi gras…

- Il rencontre d'autres enfants et fait l'apprentissage de la vie en collectivité. Mais il en tirera bénéfice surtout à partir de douze mois. C'est un bon apprentissage du rythme scolaire.

*Inconvénients*

- Les horaires d'ouverture ne correspondent pas à toutes les professions. Tous les parents ne peuvent pas venir chercher leur enfant à 18h30 et il faut parfois prévoir une baby-sitter en relais.
- La collectivité impose un haut niveau de bruit et d'activités. Souvent, les petits sont fatigués en fin de journée.
- Les contagions sont fréquentes et les enfants sont souvent malades, surtout au cours de la première année. Mais contrairement aux idées reçues, les crèches acceptent de plus en plus les enfants malades à condition qu'ils aient vu un médecin et qu'ils soient sous traitement.

## La crèche familiale

Appelée aussi crèche à domicile, elle emploie des assistantes maternelles encadrées par une équipe de professionnels (éducatrice, médecin...). Les enfants sont gardés au domicile de leur nourrice, une assistante maternelle agréée, mais rejoignent une ou deux fois par semaine la crèche familiale où ils participent, avec d'autres petits, à des activités organisées par une éducatrice de jeunes enfants. Les assistantes maternelles sont recrutées par la PMI et placées sous le contrôle d'une puéricultrice jouant le rôle de directrice de centre. La directrice est titulaire du diplôme d'État de puéricultrice. Elle encadre une vingtaine d'assistantes et est aidée par une équipe médico-sociale comportant un pédiatre, une assistante-sociale et parfois un psychologue. Les assistantes maternelles ont entre 18 et 65 ans et doivent être munies de l'autorisation prévue au Code de la santé publique (art. L. 169). Une « gardienne » ne peut avoir à son domicile plus de trois enfants de moins de 3 ans y compris les siens.

*Inscription et coût*

Les formalités d'inscription sont les mêmes que pour les crèches collectives. Renseignez-vous auprès de votre mairie. L'âge d'inscription des enfants est de 2 mois à 3 ans. Vous devez fournir les changes, le linge et la nourriture. Les assistantes maternelles sont directement payées par la PMI et votre participation financière est calculée en fonction de vos revenus. À titre indicatif, elle pourra aller de 5 à 24 euros par jour. Vous la paierez directement à la crèche familiale qui, elle, versera son salaire à l'assistante maternelle.

*Avantages*

- Les soins sont plus personnalisés que dans les crèches et la formule plus souple.
- Les horaires peuvent être fixés de gré à gré entre les parents et la nourrice.
- L'enfant malade peut être gardé plus facilement que dans une crèche collective.
- Il est possible, en cas de force majeure, que l'enfant passe une nuit au domicile de la gardienne.

*Inconvénients*

- Vous n'avez qu'un interlocuteur, l'assistante maternelle, et si le courant ne passe pas entre vous, vous aurez du mal à en changer. Ne vous focalisez pas sur des petits détails, l'important est que votre enfant soit bien, et ça vous le saurez vite.
- Même si l'assistante maternelle a aménagé son appartement en conséquence, l'environnement n'est pas celui d'une crèche collective ; les jeux y sont moins nombreux, les enfants ne sont pas répartis par groupes d'âge, mais la nourrice s'occupe de moins d'enfants.

## La crèche parentale

Ce sont des minicrèches pouvant accueillir seize enfants maximum. Leur fonctionnement est proche de celui de la crèche collective… à la différence qu'elle est gérée par des parents, dans le cadre d'une association. Les familles déterminent les horaires, prévoient les menus, s'occupent de l'entretien des lieux, recrutent le personnel. Et participent à la garde des enfants, avec l'aide de professionnels qu'ils emploient. Cela demande donc une certaine disponibilité. Ainsi votre enfant ne pourra être accueilli que si vous êtes prête à donner de votre temps pour participer à sa gestion et à son animation. C'est une formule particulièrement adaptée aux parents qui exercent une activité professionnelle à temps partiel, aux chômeurs à la recherche d'un emploi…

### Comment ça marche ?

Le personnel est composé de parents, qui s'engagent à participer personnellement à la garde des enfants (seize au maximum), aux travaux d'aménagement et à l'entretien des locaux selon leur disponibilité et d'un professionnel choisi en accord avec le service de la PMI (éducatrice de jeunes enfants, puéricultrice, assistante maternelle…). Deux adultes au moins sont présents en permanence auprès des enfants. Les horaires sont sensiblement identiques à ceux de la crèche collective : ils peuvent toutefois être adaptés en fonction du souhait des parents.

### Coût

Votre contribution financière varie en fonction de vos revenus, du nombre de vos enfants, mais également du temps que vous passez à la crèche. Elle se situe en moyenne entre 3 et 15 euros par enfant pour une journée complète.

### Inscription

Si une crèche parentale existe près de chez vous, vous pouvez vous inscrire directement auprès de sa directrice. Si vous désirez créer une crèche parentale avec d'autres parents, adressez-vous à la mairie ou à la DDASS (direction départementale de l'action sanitaire et sociale), où l'on vous indiquera les démarches à effectuer. Vous pouvez également vous adresser à l'Association des collectifs enfants/parents/professionnels qui offre un soutien logistique (ACEPP, 15, rue du Charolais, 75012 Paris, tél. : 01 44 73 85 20).

*Avantage*

Le petit nombre d'enfants et la participation des parents créée une ambiance chaleureuse et conviviale.

*Inconvénient*

Il faut être motivée et disponible pour assurer ses « tours de garde ».

## La crèche d'entreprise

On en compte encore peu en France, essentiellement dans le milieu hospitalier. Outre des horaires adaptés aux besoins des parents (de 6 h 30 à 22 heures, 7 jours sur 7, pour les crèches de l'Assistance publique), elles permettent aux mamans de ne pas trop s'éloigner de leur enfant et de travailler l'esprit tranquille. Si vous êtes plusieurs à souhaiter solliciter votre société, mobilisez votre comité d'entreprise qui se chargera d'en faire la demande à l'employeur. Une autorisation d'ouverture sera ensuite délivrée par la DDASS (voir chap. 5).

## L'assistante maternelle

Plus souple que la crèche, elle s'adapte mieux aux besoins des parents et au rythme de l'enfant.

### Comment ça marche ?

Elle accueille votre enfant chez elle et peut garder jusqu'à trois petits à la fois (de 2 mois à 6 ans). Elle veille sur eux du matin au soir, prépare leur repas (ou leur donne celui que vous avez apporté), les emmène en promenade, leur fait faire des jeux… Les assistantes maternelles agréées sont obligatoirement agréées par le conseil général du département et la PMI qui prennent soin de vérifier les conditions de sécurité de son domicile et s'assurent de ses qualités éducatives. La première année, l'assistante maternelle reçoit l'agrément pour deux enfants. L'assistante sociale lui rend visite, en principe, deux ou trois fois par an. L'agrément est valable pour une durée d'un an. En général, au bout de cette première année, l'assistante maternelle se voit autorisée à garder trois enfants de moins de trois ans au maximum sous le même toit (y compris les siens). Après trois ans, et en fonction de différents critères, elle peut obtenir une dérogation pour en garder plus de trois (s'ils sont scolarisés). Elle doit suivre soixante heures de formation avant de pouvoir exercer. L'assistante maternelle agréée doit avoir une assurance en responsabilité civile qui couvre les dommages causés par votre enfant. Elle doit également être affiliée au régime général de la Sécurité sociale Assistante maternelle. Question horaires, la solution de l'assistante maternelle est plus souple que celle de la crèche : vous pouvez déterminer les horaires avec elle.

### Combien ça coûte et quelles sont les formalités ?

Vous êtes l'employeur de l'assistante maternelle, vous devez donc :

- la déclarer à l'URSSAF dans les huit jours suivant son embauche. L'URSSAF vous enverra alors un formulaire de déclaration d'emploi que vous devrez lui retourner rempli ;

- rédiger un contrat de travail (la PMI ou votre mairie vous fournira un modèle), qui précisera le nombre de semaines de garde sur lequel vous vous engagez pour l'année, avec le détail des jours et des heures de la semaine. Votre contrat doit préciser : la durée d'essai, les horaires, le montant de la rémunération, les frais d'entretien… et tout ce que vous jugerez utile. La durée de travail hebdomadaire ne peut excéder 45 heures par semaine ;

- établir un bulletin de paie mensuel (à télécharger sur le site de l'URSSAF : www.urssaf.fr).

C'est à vous de négocier son salaire. Mais un montant minimum de rému-nération est fixé par décret. Référez-vous à la convention collective des assistantes maternelles applicable depuis le 1$^{er}$ janvier 2005. Vous pouvez vous procurer le texte de la nouvelle convention collective sur le site du SNPAAM (Syndicat national professionnel des assistantes et des assistants maternels) : www.assistante-maternelle.org.

• Le salaire minimum est de 2,37 euros bruts par heure au 1$^{er}$ janvier 2008 (le salaire horaire brut ne peut être inférieur à 0,281 fois le Smic horaire brut). Attention, ce tarif horaire correspond au minimum conventionnel, si vous habitez dans une région où les assistantes maternelles sont rares, il vous en coûtera sans doute bien plus cher. Renseignez-vous auprès de votre centre de PMI qui vous indiquera les tarifs en vigueur dans votre localité.

• À cela s'ajoutent les congés payés (10 % de l'ensemble des salaires versés durant l'année) ainsi que l'indemnité d'entretien qui corres-pond aux dépenses que l'assistante maternelle engage pour assurer l'accueil de votre enfant (jeux, matériel d'éveil, lit, consommation d'eau, de chauffage…). Elle est fixée à 2,69 euros minimum par jour d'accueil. On obtient ainsi un salaire qui peut varier entre 244 euros et 381 euros par mois pour une garde régulière à temps plein. La rému-nération de votre assistante maternelle doit être mensualisée lorsque la garde est régulière tout au long de l'année. Sachez que, si elle travaille plus de dix heures dans une même journée, vous devrez lui payer des heures supplémentaires.

## Les aides financières sur lesquelles vous pouvez compter

### *Aides de la CAF*

Votre CAF pourra prendre en charge 100 % des cotisations sociales dues pour l'assistante maternelle. Selon vos ressources et l'âge de l'enfant gardé, elle peut également vous verser une allocation afin de prendre en charge une partie de la rémunération.

Pour un enfant âgé de moins de 6 ans, né (adopté ou recueilli en vue d'adoption) depuis le 1er janvier 2004, vous avez peut-être droit au complément de libre choix du mode de garde de la prestation d'accueil du jeune enfant (PAJE).

Pour en bénéficier, faites une demande de complément de libre choix du mode de garde auprès de votre CAF.

Vous pouvez :

- la faire en direct par Internet sur le site de la CAF (www.caf.fr) ;
- télécharger le formulaire de demande de complément de libre choix du mode de garde, ou bien le demander à votre CAF.

Faites votre demande sans tarder pour bénéficier de tous vos droits. Si vous remplissez les conditions, vous recevrez le complément de libre choix du mode de garde à partir du mois de votre demande.

Vous recevrez le carnet « Pajemploi », que vous remplirez. Vous n'aurez plus alors à calculer le montant des cotisations sociales prises en charge par votre CAF. C'est d'ailleurs la CAF qui enverra une attestation d'emploi à l'assistante maternelle. Plus de bulletin de salaire à remplir !

*Montant de la prise en charge partielle de la rémunération de l'assistante maternelle*

Le montant de la prise en charge partielle de la rémunération varie selon vos ressources et l'âge de vos enfants. Un minimum de 15 % du salaire versé restera cependant à votre charge.

### COMPLÉMENT DE LIBRE CHOIX D'ACTIVITÉ

| Nombre d'enfants à charge | Revenus 2006 | | |
|---|---|---|---|
| | Inférieurs à | Ne dépassant pas | Supérieurs à |
| 1 enfant | 19 225 € | 42 722 € | 42 722 € |
| 2 enfants | 22 135 € | 49 188 € | 49 188 € |
| 3 enfants | 25 626 € | 56 947 € | 56 947 € |
| 4 enfants | 29 118 € | 64 706 € | 64 706 € |
| Âge de l'enfant | Montant mensuel de la prise en charge | | |
| Moins de 3 ans | 374,75 € | 267,69 € | 160,60 € |
| De 3 à 6 ans | 187,39 € | 133,86 € | 80,30 € |

*NB* : Si votre enfant est né avant le 1$^{er}$ janvier 2004 et a moins de 6 ans, vous relevez de l'ancienne allocation de la CAF : l'AFEAMA (aide à la famille pour l'emploi d'une assistante maternelle). Cette allocation, d'une part, exonère les parents du paiement des charges sociales et patronales, d'autre part, une majoration est versée trimestriellement aux parents (au début du mois qui suit le renvoi de la DNT, déclaration nominative trimestrielle). Renseignez-vous auprès de votre CAF.

### MONTANT DE L'AFEAMA

| Nombre d'enfants à charge | Revenus 2006 | | |
|---|---|---|---|
| | Inférieurs à | Ne dépassant pas | Supérieurs à |
| 1 enfant | 17 593 € | 24 190 € | 24 190 € |
| 2 enfants | 21 653 € | 29 773 € | 29 773 € |
| par enfant en plus | 4 060 € | 5 583 € | 5 583 € |
| | Montant mensuel de l'aide (AFEAMA) | | |
| Enfant de 3 à 6 ans | 109,34 € | 86,44 € | 71,63 € |

## Crédit d'impôts

Les parents qui font garder un ou plusieurs enfants âgés de moins de 7 ans à l'extérieur de leur domicile peuvent bénéficier d'un crédit d'impôt. Il couvre le salaire versé à une assistante maternelle après déduction du montant de l'allocation versée par la Caisse d'allocations familiales. Le crédit d'impôt est égal à 50 % des sommes versées (salaires nets + indemnités d'entretien − allocations perçues), dans la limite de 2 300 euros par an. Cet avantage fiscal concerne aussi bien les familles imposables que non imposables.

> **Exemple :** Pour un couple avec un enfant de moins de 3 ans et des revenus annuels nets imposables de 48 000 euros embauchant une assistante maternelle à temps plein, le coût réel après déduction des aides de la CAF et du crédit d'impôt est d'environ 300 euros par mois.

### site utile

La rubrique Pajemploi du site Internet de l'URSSAF est destinée à faciliter vos démarches et à vous aider à :
• vous informer sur la prestation d'accueil jeune enfant (PAJE) et le complément de libre choix du mode de garde : de quoi s'agit-il ? À qui s'adresse cette prestation ? Dans quel cadre ? Sous quelles conditions ?… ;
• réaliser une simulation de calcul des cotisations et évaluer le montant qui sera pris en charge par la caisse d'allocations familiales ou la caisse de Mutualité sociale agricole ;
• connaître les formalités à effectuer pour bénéficier du complément libre choix de mode de garde.
Grâce à l'espace employeur vous pouvez accéder, en toute sécurité, directement au compte personnalisé Pajemploi, après inscription et identification.
Rubrique Pajemploi : www.pajemploi.urssaf.fr/pajeweb/home.jsp

## Comment la trouver ?

C'est à vous de la trouver ! Vous pouvez obtenir les coordonnées des assistantes maternelles près de chez vous :

*   auprès de votre mairie ;

*   auprès du centre de protection maternelle et infantile (PMI) ;

*   ou auprès des relais assistantes maternelles de votre CAF (RAM).

Sélectionnez celles qui paraissent le mieux vous convenir (domicile proche du vôtre, âge des enfants gardés…).Vous pouvez aussi choisir une nounou près de votre lieu de travail. Prenez contact par téléphone et proposez-lui un rendez-vous pour une première visite. Observez son logement et le cadre de vie dans lequel va évoluer votre enfant. Renseignez-vous sur le nombre d'enfants qu'elle garde et leur âge. Il vaut mieux qu'elle n'ait pas trois tout-petits à la fois ! N'attendez pas pour aborder avec elle le problème des vacances. Elles doivent être compatibles avec les vôtres, car c'est elle qui décide des dates. Et chose indispensable : le contact doit bien passer. N'hésitez pas à exprimer les points auxquels vous tenez : qu'elle soit affectueuse, qu'elle sorte avec votre petit au moins une fois par jour… Vous verrez tout de suite si vous accrochez avec elle. Prenez le temps de la réflexion et si vous avez un doute, rencontrez-en d'autres.

---

**adresses et sites utiles**

*   Le SPAMAF (syndicat professionnel des assistants maternels et des assistants familiaux) : www.assistante-maternelle.org/ ou tél. : 04 94 76 70 23
*   La FEPEM (Fédération nationale des particuliers employeurs) : www.fepem.fr. Une cellule téléphonique est dédiée aux « parents employeurs d'assistants maternels », tél. : 0825 05 07 64 64.
*   Site de recherche d'assistantes maternelles : www.assmat.com

**Avantages**

- Votre enfant retrouve chez sa nounou une vie familiale et il peut évoluer à son rythme. Il est un peu « à la maison », tout en ayant un ou deux copains pour s'amuser.

- L'assistante maternelle peut garder votre enfant en cas de maladie dans des conditions plus calmes.

- Des horaires plus flexibles qui peuvent s'adapter à votre travail (même s'il faut bien sûr payer les heures non prévues par le contrat).

**Inconvénients**

- Leur formation est moins poussée que les auxiliaires de puériculture.

- Les visites de la PMI sont espacées : il y a donc peu de contrôles et les assistantes sont souvent informées de leur date. À vous de faire des visites à l'improviste de temps en temps.

- L'assistante maternelle est libre de fixer ses dates de vacances (trois semaines en été, une semaine en hiver). À vous de vous entendre avec elle pour parvenir à un arrangement satisfaisant.

## La garde à votre domicile

C'est la formule la moins développée, malgré des avantages certains. Mais cela s'explique car son coût est élevé. Cette solution est plus « souple » pour les parents qui travaillent. Le matin et le soir, vous ne courez pas chez l'assistante maternelle ou à la crèche. La nourrice vient chez vous et, pendant qu'elle s'occupe des enfants, vous pouvez partir travailler calmement sans craindre une réunion impromptue. Mais ce luxe a un prix : la garde à domicile revient en moyenne (aides comprises) à 900 euros par mois. Ce mode de garde ne devient donc intéressant « économiquement » qu'à partir du deuxième enfant. En effet, même si vous proposez une

112

augmentation à la nourrice à domicile, cela vous reviendra toujours moins cher que de payer deux fois la crèche ou l'assistante maternelle.

## Comment ça marche ?

Recrutée par vos soins, elle s'occupe de votre enfant à votre domicile et peut même vous donner un coup de main à la maison (courses, repas des enfants, petit ménage, repassage). Mais cela doit être précisé dans son contrat. La durée maximale de travail est limitée à quarante-huit heures hebdomadaires en moyenne, sur une période de douze semaines consécutives. Vous êtes en retard, retenue par une réunion : elle peut faire des heures supplémentaires, mais sans dépasser dix heures supplémentaires au cours d'une même semaine. Attention, si elle travaille 10 heures par jour, vous devrez calculer son salaire en conséquence. La plupart des employées de maison n'ont pas reçu de formation spécifique. Leur expérience personnelle est souvent leur seule formation. Le recrutement d'une employée à domicile est relativement délicat puisque vous lui confierez non seulement votre bout'chou, mais également les clés de la maison. Ce mode de garde implique donc une confiance totale en la personne choisie, sans véritablement la connaître au départ… À vous de prendre toutes les informations vous permettant d'évaluer les qualités de la nounou que vous allez recruter.

## Où trouver une nounou ?

Pour la trouver, plusieurs possibilités sont à votre disposition.

Vous pouvez faire paraître des petites annonces dans les journaux, chez les commerçants de votre quartier, dans les écoles (il existe en général un panneau d'affichage), ou encore sur Internet (par exemple : www.bebe-annonce.com, www.cherchenounous.com)

Le bouche-à-oreille fonctionne également bien. Demandez à vos amies si elles connaissent des nounous dans votre quartier.

Renseignez-vous également auprès de la mairie de votre domicile ou de l'ANPE.

Vous pouvez aussi vous adresser à des organismes ou des associations qui vous proposeront des candidates, moyennant une cotisation souvent élevée, d'une centaine d'euros.

Il en existe deux types.

- Les agences de recrutement, accessibles en général en ligne, elles proposent des nourrices plus ou moins sélectionnées. L'avantage : en cas de problème (maladie, démission, etc.), l'agence doit en principe vous trouver une remplaçante. Vérifiez bien que cela est prévu dans les conditions générales ! Leur coût varie de 40 à 80 euros pour l'ouverture d'un dossier et la mise en relation avec des nourrices. Si vous souhaitez un accompagnement administratif (rédaction du contrat, déclaration à l'URSSAF, bulletins de paie…), cela peut aller jusqu'à 400 euros par an ! Quelques exemples d'agences : www.deuxiememaman.com, www.prositting.com, www.lecherubin.com.

- Les entreprises de service à domicile. Elles s'occupent de tout, vous n'avez plus qu'à les payer ! Ces entreprises vous fournissent une nounou dont elles sont l'employeur. Vous payez une adhésion annuelle d'environ 80 euros, puis un tarif horaire de 16 à 20 euros. Mais pour une garde à temps plein, cela revient vite très cher ! À moins d'avoir de gros revenus, il s'agit plutôt d'une solution pour des gardes ponctuelles ou lorsque les enfants sont scolarisés pour les sorties d'école. Quelques exemples : www.adom.fr, www.domalliance.fr, www.domi-dom.fr.

Dans tous les cas, n'hésitez pas à rencontrer un maximum de personnes pour être sûre de faire le bon choix !

## Conseils pour l'entretien d'embauche

### *La prise de contact par téléphone*

- Décrivez le contenu du poste, vérifiez que la nounou a bien compris les points clés (voiture ou pas, ménage ou pas, horaires, congés, salaire, etc.).

- Assurez-vous de son lieu d'habitation et de l'éloignement par rapport au vôtre.

- Reprécisez-lui que son travail sera déclaré et demandez-lui de se munir de ses papiers (CI ou carte de séjour, idéalement carte Vitale).

- N'oubliez pas de lui donner vos coordonnées complètes, et de prendre les siennes (vous ou elle pouvez avoir un empêchement).

### *L'entretien*

Le premier entretien doit s'effectuer en présence de votre enfant pour voir comment la personne se comporte avec les enfants. Vous pourrez ainsi observer ses réactions, mais aussi celles de votre « candidate » : votre enfant semble-t-il inquiet ? La personne lui sourit-elle ? Etc. N'hésitez pas à laisser les enfants quelques minutes seuls avec la nounou (en restant à proximité, le temps d'aller faire un café par exemple) et observez leurs réactions à tous les deux. C'est le meilleur indicateur pour la suite de leur relation.

Dès le départ, montrez-vous franche et directe : précisez vos contraintes professionnelles, vos principes éducatifs et les tâches ménagères que vous lui confierez éventuellement.

Prenez la précaution de relever les coordonnées de ses précédents employeurs, afin de vérifier l'exactitude de ses références.

Demandez-lui ses papiers d'identité et assurez-vous de son immatriculation à la Sécurité sociale. Si votre salariée est de nationalité étrangère, non ressortissante de l'Union européenne, vous devez vous assurer de la régularité de sa situation.

Ne vous inquiétez pas si la nounou n'a pas des réponses très élaborées aux questions un peu « théoriques » (organisation de la journée, pourquoi voulez-vous garder des enfants, etc.). Certaines nounous formidables ne sont pas forcément à l'aise dans des entretiens « formels », et vice versa (une nounou à l'aise à l'oral ne sera pas forcément une super-nounou !)

### Combien ça coûte ?

Tout dépend du nombre d'heures qu'elle effectue. Le salaire de base est librement fixé entre vous et votre salariée. Sachez néanmoins que d'après la convention collective, la garde d'enfant à domicile doit être embauchée au moins au niveau II de la grille de classification des emplois. Ainsi, au 1er juillet 2007, le salaire minimum conventionnel est de 8,44 euros brut/heure. Ce salaire sera majoré en fonction de l'ancienneté de votre nounou (+ 3 % après 3 ans, soit 8,55 euros brut/heure, + 4 % après 4 ans soit 8,63 euros…). Selon ce que vous aurez négocié avec votre garde d'enfant, celle-ci pourra bénéficier de prestations en nature (nourriture, logement…). La valeur conventionnelle du repas est de 4,35 euros, celle du logement est de 67 euros : ces montants peuvent être déduits du salaire net.

Vous devrez également lui payer ses congés payés. La durée du congé payé annuel est de 2,5 jours ouvrables par mois de présence au travail, soit trente jours ouvrables par an (cinq semaines). La date de départ en congé est fixée par l'employeur avec un délai suffisamment long (deux mois minimum) pour permettre à votre salariée de s'organiser pour ses vacances. La rémunération pendant la période de congé ne peut être inférieure ni à 10 % de la rémunération totale perçue par votre salariée au cours de la période de référence (1er juin de l'année précédente au 31 mai de l'année en cours), ni à la rémunération totale qui serait due pour un temps de travail égal à celui du congé. Les prestations en nature dont la salariée cesse de bénéficier (par exemple, le repas) ne peuvent plus être déduites de la rémunération pendant les périodes de congé.

Vous devrez également verser à l'URSSAF les cotisations salariales (salaire brut – salaire net = charges salariales), et les charges patronales : ce sont les charges (ou cotisations) sociales. Mais vous pouvez bénéficier d'aides de la caisse d'allocations familiales qui prend en charge une partie de ces cotisations et de réduction d'impôts.

## Les aides financières sur lesquelles vous pouvez compter

En tant qu'employeur d'une garde d'enfant à domicile, vous bénéficiez de deux types d'aide : le « complément de libre choix du mode de garde » dans le cadre de la PAJE versé par votre caisse d'allocations familiales et un crédit d'impôt.

### *Les aides de la caisse d'allocation familiale (CAF)*

**bon à savoir**

Dès votre immatriculation à la CAF, vous recevez un carnet Pajemploi vous permettant de déclarer mensuellement la rémunération versée à votre salariée. Le centre Pajemploi effectue ensuite les calculs de cotisations et vous envoie un décompte indiquant éventuellement celles restant à votre charge. Parallèlement, il adresse une attestation d'emploi à votre salariée : vous n'êtes pas obligée d'établir un bulletin de salaire.

- Si votre enfant est âgé de moins de 6 ans et né (adopté ou recueilli en vue d'adoption) après le 1er janvier 2004, vous pouvez bénéficier du complément de libre choix du mode de garde de la prestation d'accueil du jeune enfant (PAJE). La CAF prend alors en charge :

– 50 % des charges sociales de l'employée dans la limite maximale de 402 euros par mois et jusqu'au troisième anniversaire de l'enfant grâce à l'allocation de libre choix du mode de garde de la PAJE ;

– l'allocation prend également en charge une partie du salaire de votre nounou, en fonction de vos revenus annuels : 374,75 euros par mois s'ils sont inférieurs à 19 225 euros ; 267,69 euros s'ils ne dépassent pas 42 722 euros ; et 160,60 euros s'ils sont supérieurs à 42 722 euros.

**pour en savoir plus**

Sur le complément de libre choix du mode de garde de la prestation d'accueil du jeune enfant, consultez le site de la caisse d'allocations familiales www.caf.fr – rubrique « Toutes les prestations », puis rubrique « Prestation d'accueil du jeune enfant ».

• Pour les enfants nés (adoptés ou recueillis en vue d'adoption) avant le 1ᵉʳ janvier 2004, c'est l'ancienne allocation qui s'applique : l'allocation de garde d'enfant à domicile (AGED), dont le montant varie selon vos ressources et l'âge de l'enfant.

**pour en savoir plus**

Sur l'allocation de garde d'enfant à domicile, vous pouvez consulter le site de la caisse d'allocations familiales www.caf.fr – rubrique « Toutes les prestations », puis rubrique « Allocation de garde enfants à domicile ».

## *Une réduction d'impôt pour l'emploi d'une salariée à domicile*

Les dépenses effectuées pour l'emploi d'une salariée à domicile ouvrent droit à une réduction d'impôt. Vous bénéficiez d'une réduction d'impôt de 50 % sur la totalité des sommes versées pour l'emploi (salaire + cotisations sociales) de votre nounou à domicile dans la limite de 6 750 euros par an pour un enfant, et 7 500 euros par an pour deux enfants.

## *Une aide du comité d'entreprise pour emploi familial*

Si vous êtes salariée, vous pouvez bénéficier d'une aide du comité d'entreprise ouvrant droit à l'exonération des cotisations de Sécurité sociale et de la taxe sur les salaires pour l'emploi d'un salarié à domicile. S'il n'existe pas de comité d'entreprise dans votre société, cette aide peut vous être versée directement par votre employeur.

Le montant maximum de l'aide s'élève à 1 829,39 euros par année civile et par bénéficiaire. Il ne doit pas excéder le coût des services que vous avez engagés. Si vous recevez une aide supérieure à ce plafond, la partie excédant 1 829,39 euros ne bénéficie pas de l'exonération des cotisations de sécurité sociale et de la taxe sur les salaires.

Si vous avez embauché directement le salarié, vous devez fournir au comité d'entreprise la copie des avis d'échéance ou de prélèvement des cotisations qui lui ont été adressées par l'URSSAF ou, à défaut, les copies des déclarations nominatives trimestrielles que vous lui avez adressées, la copie de l'attestation fiscale adressée par l'URSSAF pour bénéficier de la réduction d'impôt accordée au titre des emplois familiaux.

Si vous avez eu recours à une association ou une entreprise agréée, vous devez fournir la ou les facture(s) délivrée(s) par l'association ou l'entreprise devant mentionner ses nom et adresse, ses numéro et date d'agrément, vos nom et adresse, la nature exacte des services fournis et le montant des sommes effectivement acquittées, le numéro d'immatriculation de la salariée.

Votre employeur doit vous adresser, avant le 1$^{er}$ février de l'année suivant celle de l'attribution de l'aide, une attestation mentionnant le montant total de celle-ci et précisant son caractère imposable au titre de l'impôt sur le revenu. Pour toute information, adressez-vous au comité d'entreprise ou, à défaut, à votre employeur.

**Exemple :** Pour un couple avec un enfant de moins de 3 ans et des revenus nets imposables de 48 000 euros par an embauchant une garde à domicile à temps plein 39 heures par semaine, le coût réel après déduction des aides de la CAF et crédit d'impôt sera d'environ 900 euros par mois.

### Pour réduire le coût : la garde partagée

Comme les diverses aides pour la garde à domicile sont plafonnées environ à un mi-temps, un mode de garde se développe de plus en plus : la garde partagée. En partageant une même nounou, vous pouvez non seulement réduire les frais de garde mais également offrir un peu de compagnie à votre enfant. Le principe : deux familles se mettent d'accord pour employer la même personne, les deux enfants étant gardés ensemble. Si les deux familles le souhaitent, la garde peut s'effectuer alternativement chez vous et au domicile de l'autre enfant : une semaine chez une famille, une semaine chez l'autre. Une telle formule implique de bien s'entendre avec les autres parents et de régler les détails dès le début : quels horaires, que faire si l'un des enfants tombe malade, comment prévoir les repas ?
Pour trouver une famille intéressée par ce mode de garde, faites fonctionner le bouche-à-oreille. Vous pouvez aussi mettre des annonces chez les commerçants de votre quartier. Vérifiez ensuite qu'il s'agit d'une famille avec laquelle vous avez des affinités (proximité géographique, méthodes d'éducation similaires, etc.). Cette nounou sera déclarée par les deux familles. Elle a donc deux contrats de travail distincts, deux paies et deux fiches de salaire. Les deux familles pourront ainsi bénéficier des différentes aides financières.

> **Exemple :** En conservant notre exemple, à savoir un couple avec un enfant de moins de 3 ans et des revenus nets imposables de 48 000 euros par an embauchant une garde à domicile à temps plein, 39 heures par semaine, en garde partagée, le coût réel après déduction des aides de la CAF et du crédit d'impôt est de 350 euros par mois !

## Les formalités

En engageant une nounou à domicile vous devenez employeur, avec les droits mais aussi les devoirs que cela comporte. Vous devez rédiger un contrat de travail et déclarer votre employée auprès de l'URSSAF dans les huit jours suivant son embauche. Ainsi, vous pourrez notamment déduire une partie des frais de garde de vos impôts. Vous devrez ensuite gérer les bulletins de paie.

Vous pouvez vous adresser à des associations ou des agences spécialisées. Renseignez-vous auprès de la PMI ou de votre entourage. Vous en apprendrez plus par le bouche-à-oreille qu'en lisant leur brochure d'information. La garde à domicile est un « business » qui peut s'avérer lucratif pour ces associations qui demandent une cotisation mensuelle à vous et à votre nourrice. C'est le prix à payer pour être débarrassée de la corvée de la gestion administrative (bulletin de paie, calcul des congés payés, déclaration d'arrêt maladie, etc.). Mais, selon les organismes, le service rendu n'est pas toujours à la hauteur, par exemple si l'association tarde à répondre à vos appels ou vous adresse les documents à transmettre à l'URSSAF avec retard. Lisez bien le contrat qui vous lie à cette association et n'hésitez pas à la quitter si elle ne respecte pas ses engagements.

### Assistante maternelle ou nounou à domicile : que faire si elle tombe malade ?

Les règles peuvent varier selon que votre nounou garde l'enfant chez vous (statut d'employée de maison) ou chez elle (statut des assistantes maternelles agréées). Mais dans tous les cas, elle doit vous remettre un certificat médical dans un délai de deux jours (dimanche et jours fériés non compris).

### Doit-on la payer pendant sa maladie ?

Non, mais elle perçoit des indemnités journalières de la Sécurité sociale. Si votre nounou a trois ans d'ancienneté à votre service, vous devez lui verser un complément de salaire. Si elle a un statut d'employée de maison, ce complément est versé par un fonds de prévoyance (IRCEM) auquel vous cotisez comme employeur. Si elle est assistante maternelle, c'est à vous de le verser. Les journées d'absence pour maladie ne lui ouvrent pas de droit au titre des congés payés.

### En cas de maladie de longue durée peut-on rompre son contrat ?

**Elle est employée de maison.** Si son absence vous oblige à embaucher une autre nounou, vous pouvez la licencier en respectant la procédure : convocation à un entretien préalable par lettre recommandée avec accusé de réception, entretien avec elle, notification du licenciement par lettre recommandée accusé de réception. Vous ne pourrez lui notifier son licenciement que le surlendemain de l'entretien. Vous devrez lui verser son salaire, ses congés payés et une indemnité de licenciement si elle a plus de deux ans d'ancienneté.

**Elle est assistante maternelle.** Vous pouvez aussi vous séparer d'elle à partir du moment où elle n'est plus en mesure de garder votre enfant. Le licenciement « à proprement parler » n'existe pas dans cette profession. Le Code du travail reconnaît une autre façon de rompre le contrat : le licenciement par retrait d'enfant (art. L. 773-7 du Code du travail et art. 18 de la convention collective). Vous devez lui envoyer une lettre recommandée avec accusé de réception. La rupture du contrat ne prendra effet que dans le délai de quinze jours (si le contrat

122

a moins d'un an), ou d'un mois (si le contrat a plus d'un an) à compter de la présentation par le facteur de la lettre. Vous devrez lui payer ses congés payés. En revanche, vous ne lui devrez pas d'indemnités de licenciement sauf si elle a plus d'un an d'ancienneté.

**Attention cependant si elle tombe enceinte**

Elle aura droit à un congé maternité de seize semaines : six semaines avant la date présumée d'accouchement, dix semaines après la date d'accouchement. S'il s'agit de sa troisième grossesse ou d'une grossesse multiple, le congé est d'une durée plus importante. Or vous ne pouvez pas la licencier pendant toute la période de grossesse, le congé maternité et les quatre semaines qui suivent le congé maternité. Cette interdiction est absolue pendant le congé maternité (vous ne pouvez même pas envoyer la lettre recommandée signifiant la fin de contrat, ni la convocation à l'entretien préalable dans le cas d'une nounou à domicile). Le seul cas prévu permettant la fin de contrat avant le congé maternité est le licenciement économique (par exemple : licenciement des parents, congé parental, entrée à l'école…) rendant la garde d'enfant inutile. Ce cas permet aussi le licenciement pendant la période des quatre semaines qui suivent le congé maternité mais pas pendant le congé maternité. Il vous faudra donc la remplacer pendant toute cette période.

## *Déclarer sa nounou à l'URSSAF*

**attention**

Si votre salariée est de nationalité étrangère, non ressortissante de l'Union européenne, vous devez vous assurer de la régularité de sa situation et joindre à la déclaration une copie d'une pièce d'identité ou d'état civil et son titre de séjour.

Vous devez déclarer votre salariée à l'URSSAF dans les huit jours suivant l'embauche. L'URSAFF vous délivre un numéro d'immatriculation qui devra systématiquement figurer sur le bulletin de paie remis à votre salariée. Vous devez aussi vous assurer de son immatriculation à la Sécurité sociale. Si celle-ci n'a pas de numéro d'assuré social, remplissez le cadre spécial du formulaire de déclaration d'employeur.

> **bon à savoir**
>
> Si vous payez votre nounou en chèque emploi service universel (CESU) ou si vous avez recours à un organisme agréé, vous n'avez pas à faire de déclaration URSSAF.

### Rédiger un contrat de travail

La conclusion d'un contrat de travail (CDD, CDI, à temps plein ou à temps partiel) est essentielle.

Le contrat doit notamment mentionner la nature du travail à accomplir, la durée et les horaires de travail, la qualification de votre salariée.

Vous devez respecter la législation du travail et appliquer la convention collective nationale des personnels employés de maison. Celle-ci fixe la rémunération minimale en fonction de l'ancienneté. Dans tous les cas, elle n'est jamais inférieure au SMIC horaire (7,61 euros brut de l'heure au 1er juillet 2004).

> **bon à savoir**
>
> En cas d'utilisation du CESU ou de recours à certains organismes agréés, vous n'avez pas à faire de contrat de travail.

## *Gérer les bulletins de paie*

Vous devez remettre à votre employée un bulletin de paie tous les mois avec sa rémunération, sauf si cette rémunération est versée par chèque emploi service universel (CESU). Dans ce cas, en envoyant le volet social de votre CESU, les services de gestion du chèque emploi service universel éditeront le bulletin de salaire, et l'enverront directement à votre salariée. Des fiches de salaire simplifiées sont disponibles sur simple demande à l'URSSAF. Pour connaître les règles en matière d'horaires, de rémunération, de congés, d'accident du travail ou de maladie, etc., reportez-vous à la convention collective nationale des salariés du particulier employeur.

Pour le calcul des cotisations sociales, l'URSSAF vous envoie tous les trimestres une déclaration nominative simplifiée. Elle calcule les cotisations à partir des informations que vous lui fournissez. En ce qui concerne les cotisations, vous avez le choix entre un calcul au forfait ou au réel. À vous de voir avec votre employée si vous allez calculer les cotisations sur la base du salaire réel que vous lui versez ou sur une base forfaitaire égale, pour chaque heure de travail, au montant du SMIC horaire qui vaut au premier jour du trimestre correspondant.

**b o n   à   s a v o i r**

• Sur le site de l'URSSAF : www.urssaf.fr vous pouvez remplir la fiche de salaire en ligne.
• Vous pouvez également faire appel à la FEPEM (Fédération des employeurs particuliers des employés de maison) qui vous aidera pour la rédaction du contrat de travail, l'établissement des fiches de paie et qui dispose aussi d'un service juridique.
FEPEM Île-de-France : 10, rue du Mont-Thabor, 75001 Paris – Tél. : 01 42 60 46 77 – Fax : 01 42 60 13 15.

**Avantages**

- Les horaires sont souples : c'est vous qui les négociez.
- L'enfant est chez lui, il conserve ses repères, son rythme de vie est respecté. Pas besoin de le réveiller le matin.
- Même malade, il est gardé dans le confort de sa maison.
- Il n'est pas quotidiennement exposé aux microbes des autres enfants.
- Pas de temps de transport pour faire garder votre enfant et du travail domestique en moins.

**Inconvénients**

- Le coût est élevé, surtout pour une famille avec un seul enfant.
- Le recrutement est difficile et les candidates peu qualifiées : pas évident de trouver la perle rare !
- Vous êtes employeur, vous avez des formalités à accomplir et des obligations légales à respecter.
- Vous n'avez pas de contrôle sur ce qui se passe durant la journée et le fait de confier son enfant à une personne inconnue peut être un peu angoissant.
- Votre enfant n'aura pas l'occasion de découvrir les joies de la vie en communauté et les activités d'éveil sont limitées.
- Vous devez prévoir les courses et les menus pour le déjeuner.

## Une solution de transition avant l'école : la halte-garderie

Voilà un mode de garde occasionnel à envisager si vous exercez une activité à temps partiel, ou pourquoi pas en complément d'une garde à domicile afin que votre tout-petit apprenne en douceur la vie en collectivité. Les haltes-garderies sont des structures, publiques ou privées, accueillant les enfants de moins de six ans de façon occasionnelle, quelques heures ou quelques demi-journées par semaine. Aucune halte-garderie n'assure de garderie à plein-temps (en général pas plus de cinq demi-journées par semaine). Ce mode de garde est donc valable seulement si vous travaillez à temps partiel. Il peut être aussi utilisé en complément d'une nounou ou d'une assistante maternelle deux ou trois demi-journées par semaine. Cela permet à votre enfant de faire l'apprentissage de la vie en collectivité. Son entrée en maternelle en sera facilitée. Vous payez à l'heure en fonction de vos revenus : entre 1,52 et 2,28 euros en moyenne. Vous pouvez déduire de vos impôts 25 % des sommes versées dans la limite de 2 300 euros par an et par enfant de moins de 6 ans. Les repas ne sont pas systématiquement assurés, il peut être demandé qu'ils soient fournis par les parents. Les locaux et le personnel sont soumis aux mêmes règles que celles applicables aux crèches collectives, à la différence près que la halte-garderie peut être dirigée par une éducatrice de jeunes enfants, sans que la présence d'une puéricultrice au sein du personnel soit obligatoire. Comme en crèche, les enfants évoluent dans un cadre spécifiquement conçu pour eux, et bénéficient de multiples activités d'éveil adaptées à leur âge.

Selon les établissements, l'inscription se fait soit auprès du service Petite Enfance de votre mairie qui vous indiquera la marche à suivre et les pièces à fournir pour remplir le dossier d'inscription, soit directement auprès du directeur de la halte-garderie.

**Témoignage :** Cécile G., maman de Juliette (2 ans et demi). Paris XIe

« Juliette est gardée avec un autre bébé du quartier de un an chez une assistante maternelle qu'elle adore. Elle aura dans quelques mois une petite sœur qui sera également gardée chez la même assistante maternelle à l'issue de mon congé maternité. Elle est née en janvier et ne rentrera à l'école maternelle qu'à 3 ans et demi. J'ai donc décidé de l'inscrire à la halte-garderie trois demi-journées par semaine pour l'habituer à la collectivité avant sa rentrée à l'école. Elle est enchantée car elle a l'impression d'être une grande ! Elle y fait des activités adaptées à son âge et que sa « tatie » ne pouvait pas forcément lui faire faire dans son appartement avec les deux bébés à s'occuper. Peinture, pâte à modeler... Je suis ravie de cette formule transitoire et Juliette aussi. Cela lui permet en douceur de s'habituer au rythme de la vie en collectivité et de faire des activités en groupe. Elle voit des enfants de son âge trois matins par semaine avec qui elle partage des jeux et des activités d'éveil. »

## QUAND LES ENFANTS SONT SCOLARISÉS

À partir de 3 ans (ou 3 ans et demi selon les communes), les enfants entrent à l'école. Mais quand les deux parents travaillent, il n'est pas toujours possible d'être présente à la sortie de l'école à 16 h 30 ou à 18 heures, s'ils restent à l'étude ou à la garderie. Sans compter les fois où votre enfant est malade. Quant à la famille, les voisins ou les amis, ils ne sont pas toujours disponibles. Il faut donc être organisée pour assumer sans encombre sa vie professionnelle et sa vie familiale. Quelles sont les solutions à envisager ?

## *Baby-sitter ou jeune fille au pair*

Vous pouvez aussi avoir besoin de faire appel à une jeune fille pour prendre le relais après la crèche, à la sortie de l'école, le mercredi après-midi et pour vos sorties le soir. Si vous avez trouvé une jeune fille gentille et efficace qui vient régulièrement chez vous, vos enfants seront ravis de la retrouver. Vous pourrez mieux gérer votre temps : éviter le stress d'être en retard pour la sortie de l'école ou de la crèche et vous offrir des soirées de liberté. En revanche, elles ne sont pas qualifiées. Il existe deux options : la baby-sitter ou la jeune fille au pair.

## La baby-sitter

*Comment ça marche ?*

Il s'agit d'étudiantes qui viennent garder vos enfants à votre domicile, qui les conduisent ou vont les chercher à leurs activités (loisirs, école, crèche) lorsque vous ne pouvez pas être là. Vous pouvez faire appel à elles pour quelques heures par jour ou par semaine, ou occasionnellement pour vous dépanner. Pour ne pas déstabiliser vos enfants, essayez de faire appel aux mêmes jeunes filles. Ne changez pas tout le temps. Ils se sentiront plus en sécurité. Sachez que les baby-sitters ont des cours et des loisirs. Elles ne sont donc pas toujours disponibles. Le mieux est d'en connaître deux ou trois en qui vous avez confiance et auxquelles vous ferez appel en fonction de leurs disponibilités.

Afin que tout se passe au mieux, choisissez de préférence une personne que vous connaissez déjà, ou que l'on vous a recommandée, et en qui vous avez toute confiance. Interrogez vos amies et voisines qui ont peut-être des filles au lycée ou en fac qui souhaitent se faire un peu d'argent de poche. Vous pouvez également vous renseigner auprès des commerçants de votre quartier. Si vous n'avez pas trouvé par ce biais, vous pouvez contacter une agence de placement. Ces agences s'engagent à vous trouver une baby-sitter dans les meilleurs délais (comptez entre une heure et quatre heures).

Pour les bébés de moins de trois mois, c'est une puéricultrice diplômée qui s'occupera de votre enfant, les tarifs seront alors plus élevés.

Certaines sociétés demandent une cotisation annuelle, d'autres des frais d'agence. La plupart proposent des forfaits ou abonnements qui sont rapidement intéressants. Certaines sociétés augmentent leur tarif à partir de trois enfants gardés, d'autres dès le deuxième. Enfin, les sorties d'école sont un peu plus chères. La première fois, organisez une rencontre entre elle et votre enfant en votre présence avant de le lui confier. Vous verrez ainsi comment elle se comporte avec lui et la façon dont il l'accueille.

Profitez-en pour lui faire visiter votre logement, pour l'informer de vos habitudes.

Le jour J, préparez à l'avance tout ce dont elle aura besoin : biberon, lait, eau, bavoir, couches, pyjama, etc., pour les plus petits. Demandez-lui d'arriver un quart d'heure avant pour que vous ayez le temps de lui passer le relais calmement et de répondre à ses questions. Avant de partir, notez par écrit le numéro de téléphone où vous êtes joignable, ainsi que celui des urgences. Expliquez à votre bébé que vous allez vous absenter et dites-lui au revoir avant de le déposer dans les bras de la baby-sitter. Votre enfant est très sensible à votre humeur et donc, à votre anxiété : plus vous partirez confiante, l'esprit libre, mieux il se sentira.

### Le coût

Le tarif horaire est le SMIC (8,44 euros brut au 1$^{er}$ juillet 2007). Le soir, si vous ne ramenez pas la jeune fille chez elle, vous devez aussi prévoir de lui payer un taxi pour qu'elle puisse rentrer. Beaucoup de personnes ne déclarent pas leur baby-sitter et la paient au noir 6 ou 8 euros de l'heure. Sachez pourtant que légalement elle doit être déclarée. Dans ce cas, pour payer votre baby-sitter, la solution la plus simple est celle du chèque emploi service universel (CESU). Cela vous permet d'être dans la légalité tout en vous évitant des formalités de déclaration compliquées. Vous pouvez demander un chéquier emploi service universel à votre banque, et chaque fois que vous faites un chèque à votre baby-sitter, vous envoyez à l'URSSAF un coupon de déclaration. En retour, vous recevrez l'avis des charges liées au salaire que vous avez versé. Et en plus, si vous avez payé votre baby-sitter avec un chèque emploi-service universel, vous pourrez déduire de vos impôts 50 % des sommes engagées, dans la limite de 6 900 euros par an. Soit une économie d'impôt qui peut aller jusqu'à 3 450 euros. Vous recevrez une attestation en temps utile.

## *Les agences et prestataires de service à domicile*

Vous pouvez vous adresser aussi à une agence de recrutement ou à une entreprise de service à domicile. Moyennant une adhésion annuelle, elle vous fournira une jeune fille.

Les agences de recrutement se chargent seulement de vous trouver la jeune fille qu'il vous faut pour assurer les sorties d'école et de la remplacer en cas de problème. Mais c'est vous qui payez la jeune fille et êtes son employeur.

Les sociétés spécialisées dans les services à domicile restent employeur de la jeune fille. Vous ne payez pas la jeune fille, c'est eux qui s'en chargent. En revanche, vous recevez une facture pour le service fourni par la société.

### Les avantages

Ces agences vous garantissent, *via* un abonnement annuel, de vous trouver une baby-sitter d'un jour à l'autre, ce qui désamorce l'angoisse d'être sans solution. Leurs services téléphoniques sont la plupart du temps très accueillants.

### Les inconvénients

C'est un coût plus élevé pour le budget car vous rémunérez l'agence ou la société pour le service rendu. La sélection des candidates est souvent très approximative. Ce sont des contrats qui couvrent toute l'année scolaire, certains étant même annuels. Vous ne serez donc pas remboursée en cours de route si vous changez d'organisation.

### Les solutions de dépannage !

Défaillance de la nounou, enfant malade... des structures spécialisées sont là pour assurer le relais. Ces sociétés vous envoient à domicile un personnel sélectionné après entretien et sur dossier, adapté à l'âge de votre enfant. Les tarifs horaires varient entre 5, 6 euros et 8 euros suivant l'âge et le nombre d'enfants. En général, un forfait à la journée est possible. À cela, il faut ajouter les frais d'agence, comptez entre 6 et 10 euros. Il existe également des associations de grands-mères bénévoles qui peuvent vous dépanner en cas de problème.

Pour connaître les structures agréées proches de votre domicile, adressez-vous à votre mairie.

En voici quelques exemples :

• SOS Urgences maman

Tél. : 01 46 47 89 98

Association de mamans bénévoles, qui met à votre disposition une garde d'enfants dans les plus brefs délais.

• L'association Dépann'Familles

Tél. : 01 42 96 58 32 du lundi au vendredi de 9 heures à 13 heures

Une garde d'enfant vous est proposée dans l'heure qui suit votre appel, le tarif étant en fonction de vos revenus et du nombre d'enfants.

## La jeune fille au pair

Étudiante étrangère souhaitant apprendre le français, la jeune fille au pair s'occupe pendant 5 heures par jour de vos enfants. Vous devez cependant avoir une chambre disponible pour la loger et être prêt à en changer chaque année, car elle ne peut rester plus de deux ans chez vous ! C'est l'occasion de découvrir une autre culture et, pourquoi pas, quelques mots d'une langue étrangère. C'est un mode de garde souple et confortable si vous travaillez à mi-temps ou si vos enfants sont scolarisés et qu'il s'agit juste de les garder après l'école et le mercredi. Les deux soirées de baby-sitting que doit assurer la jeune fille par semaine vous éviteront de chercher une étudiante chaque fois que vous aurez besoin de sortir. Vous devrez, en revanche partager sa vie quotidienne et votre intimité. Mieux vaut avoir de la place ou vivre en maison. Sachez en outre que ces jeunes filles doivent être bien encadrées. Elles sont jeunes et ont besoin qu'on les aide à s'adapter et à s'intégrer à la famille.

**attention**

La jeune fille au pair n'est pas une employée de maison. Vous devez la considérer comme un membre de la famille. Ses tâches sont limitées à aller chercher les enfants à l'école, leur donner le bain et préparer leurs repas. Elle doit s'occuper d'eux comme une baby-sitter : jouer avec eux, leur lire une histoire, les emmener se promener... sa participation aux tâches ménagères se limite aux enfants. Ainsi vous pouvez lui demander de ranger et nettoyer leur chambre, s'occuper de leur linge (machine et repassage voire couture, etc.). Mais vous ne pouvez absolument pas exiger qu'elle fasse le ménage de votre logement. Vous avez aussi un rôle à jouer dans son intégration. Elle doit, par exemple, participer à la vie familiale, notamment en prenant les repas avec vous. Si elle a une personnalité trop intrusive, et que vous souhaitez préserver votre intimité, vous pouvez lui dicter certaines règles et lui demander de faire preuve de discrétion dans certaines situations. Par exemple, elle n'a pas à dîner avec vous lorsque vous recevez des amis. Le soir vous pouvez lui demander d'aller dans sa chambre à partir d'une certaine heure.

### Comment ça marche ?

Âgée de 18 à 30 ans, elle vient s'installer chez vous, pour une durée qui varie entre six et vingt-quatre mois afin de perfectionner ses connaissances linguistiques. Elle s'occupera de vos enfants trente heures par semaine (cinq heures par jour), tout en suivant des cours de français au moins dix heures par semaine dans une école ou une université reconnue par l'administration. Vous devez lui accorder au minimum un jour de repos par semaine, en principe le dimanche. Elle doit en outre assurer deux soirées de baby-sitting par semaine (si vous ne sortez pas, ces soirées ne peuvent pas se récupérer la semaine suivante). En contrepartie de l'aide qu'elle vous apporte, la jeune fille doit être nourrie et logée dans une chambre indépendante de taille convenable et vous devez lui verser de l'argent de poche.

**bon à savoir**

Vous pouvez aussi faire appel à une jeune fille au pair pour seulement un ou deux mois pendant les vacances scolaires d'été.

### Combien ça coûte ?

Elle est « logée, nourrie, blanchie » par vos soins. Vous devez en outre la rémunérer pour ses services. On considère cela plutôt comme de l'argent de poche. Ainsi vous devez lui donner au minimum 80 euros par semaine. Sachez que cet « argent de poche » est soumis aux cotisations sociales. Il s'agit d'un forfait d'environ 190 euros par mois quel que soit le montant de la somme donnée à la jeune fille. Cela vous revient donc à un total d'environ 510 euros par mois non déductibles de vos impôts. En outre, les familles paient en général également les frais de transport en commun de la jeune fille afin qu'elle puisse se rendre à ses cours de français (Carte orange à Paris, par exemple). Cela reste facultatif.

• Le site aupairinfrance est consacré à l'information des familles. Il ne s'agit pas d'une société de placement, mais d'un site donnant des conseils gratuits aux familles souhaitant recevoir une jeune fille au pair www.aupairinfrance.com
• UFAAP (Union française des associations au pair) est une association regroupant un certain nombre de sociétés de placement : 13, rue Vavin, 75006 Paris – www.ufaap.org.

## Les formalités

La jeune fille au pair doit avoir entre 18 et 30 ans et être en possession d'une pièce d'identité.

• Avant son arrivée, vous devez établir un contrat écrit (« Accord de placement au pair d'un stagiaire aide familial ») et le déposer auprès du bureau de la main-d'œuvre étrangère à la direction départementale du travail et de l'emploi (DDTE) qui délivrera une autorisation provisoire de travail à l'étudiante étrangère.

• Vous avez ensuite huit jours après son arrivée, pour la déclarer à la Sécurité sociale et vous faire immatriculer à l'URSSAF.

• Vérifiez que votre assurance multirisque-habitation couvre tous les occupants du foyer, la jeune fille au pair comprise. À défaut, il existe des assurances spécifiques. Par exemple la société ISIS propose une police d'assurance au pair qui fait également office de mutuelle santé pour la jeune fille pour 200 euros par an. Elle offre également des garanties adaptées comme le versement d'une indemnité journalière en cas d'hospitalisation de la jeune fille ou le remboursement des frais d'inscription en cas d'annulation de la jeune fille au pair.

• Enfin, après en avoir discuté avec elle, vous devrez vous occuper de son inscription dans un cours de langue. (Le justificatif de cette inscription lui servira notamment à obtenir son visa le cas échéant. Il doit par ailleurs être fourni à la direction du travail.)

| attention |
| --- |

Les jeunes venant d'un pays hors Union européenne doivent obtenir un visa long séjour avant de quitter leur pays. Sur présentation du titre de séjour portant la mention « étudiant » et du contrat signé par les deux parties, la direction du travail délivre alors une autorisation de travail (à renouveler tous les six mois).

## Comment les recruter ?

Vous pouvez la trouver vous-même par le bouche-à-oreille, les petites annonces ou les associations d'étrangers en France, mais cela n'est pas facile. C'est pourquoi de nombreuses agences se sont spécialisées dans le placement des jeunes filles au pair. Elles sélectionnent les candidates et vous aident à monter le dossier administratif. En principe, elles vérifient leur sérieux, leur niveau de français et leur capacité à s'occuper d'enfants. Elles sont votre référent en cas de problème et peuvent éventuellement vous proposer une autre jeune fille si le contact ne passe pas avec votre jeune fille. Vous devrez verser des frais d'inscription et de gestion qui varie de 200 à 400 euros.

**Interview :** Guillemette Pagezy, responsable des relations familles au pair de l'association « Fée rêvée », association loi 1901 – 6, rue de Bellevue, 92150 Suresnes – Tél. : 01 41 44 01 85. Site Internet : www.fee-revee.com/

*De quelles nationalités sont la plupart des jeunes filles étrangères qui viennent comme « au pair » en France ?*

GP : Ces dernières années, ce sont essentiellement des jeunes filles des pays de l'Est qui souhaitent venir au pair en France. Par exemple, nous avons beaucoup de jeunes filles originaires de Moldavie, Russie, Georgie et Ukraine. Mais le réseau est en train de s'ouvrir à la Chine.

Les jeunes Chinois et Chinoises sont en effet de plus en plus intéressés par l'échange culturel franco-chinois. Les familles françaises sont parfois réticentes au départ lorsqu'on leur propose une jeune fille chinoise, car elles craignent qu'il y ait un trop grand choc culturel pour la jeune fille. Pourtant, il s'avère qu'une fois la jeune fille arrivée, les familles en sont très satisfaites. Il est vrai que les jeunes Chinoises ont une grande faculté d'adaptation et sont en général très motivées. Les familles apprécient également leur discrétion et la douceur qu'elles témoignent envers les enfants.

*Qui paie les cours de français des jeunes au pair ?*

GP : Chez Fée rêvée, ce sont les jeunes au pair qui paient leurs cours de français. Nous ne demandons pas à la famille d'y participer. Nous estimons qu'il est important que les jeunes s'investissent eux-mêmes dans ces cours. Cela les motive d'autant plus pour les suivre.

*Peut-on se séparer de la jeune fille si cela se passe mal ?*

GP : Bien sûr mais cela reste exceptionnel car notre association offre un suivi des jeunes filles placées tout au long de leur séjour en France. Nous prodiguons des conseils à la fois aux familles et aux jeunes au pair afin de résoudre les éventuels problèmes qui pourraient surgir et cela avant qu'il ne soit trop tard. À cet effet, Fée rêvée organise notamment tous les mois des réunions thématiques pour les jeunes au pair afin de les aider à mieux appréhender leur vie dans les familles françaises. C'est tout l'intérêt de passer par une association comme la nôtre. Et ce n'est vraiment que lorsqu'aucune solution n'est trouvée que nous procédons, dans la mesure du possible, au remplacement de la jeune fille.

*Combien cela coûte-t-il de faire appel aux services d'une agence de placement ?*

GP : Cela dépend des agences et des services proposés. Certaines agences ne s'occupent que de présenter aux familles des dossiers de candidats. D'autres comme Fée rêvée proposent des services plus élaborés et personnalisés en fonction des attentes des familles. Ainsi, chez Fée rêvée, nous demandons aux familles 60 euros pour les frais de dossier. Il existe ensuite deux formules. La première comprend la recherche de la jeune fille, les démarches administratives et le suivi du séjour. Elle est de 319 euros pour un séjour d'une année. La deuxième, à 239 euros, est destinée aux familles qui ont trouvé par elle-même une jeune fille. Nous prenons alors en charge les démarches administratives et le suivi du séjour.

# Le casse-tête des vacances scolaires

Quand les enfants sont en âge d'aller à l'école, on peut penser que le problème de leur garde sera en grande partie résolu. Mais c'est sans compter sur les vacances scolaires qui reviennent toutes les six à sept semaines : dix jours à la Toussaint, quinze jours à Noël, en février et en avril et les deux mois d'été. Le rythme scolaire fonctionne en effet sur une alternance entre sept semaines de travail et deux semaines de repos. Vos cinq semaines de congés payés ne suffiront pas… Il existe heureusement des solutions pour garder vos enfants. À vous de choisir celle qui vous convient le mieux ou d'alterner entre les différentes options.

## FAITES APPEL À LA FAMILLE ET AUX AMIS

Grands-parents mais aussi cousins, cousines, voisines. Les vacances chez la famille seront l'occasion pour votre enfant de se déconnecter de son cadre de vie habituel tout en étant dans le cocon familial. La solution Mamie-Papi fait partie des meilleurs plans de l'été plébiscité par la plupart des parents. La capacité des grands-parents à accueillir leur(s) petit(s)-enfant(s) rend un réel service. La solution de garde par les grands-parents lorsqu'elle est possible, permet en outre de privilégier les relations intergénérationnelles. Même s'ils n'ont pas toujours les mêmes idées sur la façon d'élever un enfant, on peut leur faire confiance pour les chouchouter. De plus, l'enfant est dans un environnement qu'il a pu apprendre à connaître avec des personnes qu'il a très tôt identifiées comme des proches. Il n'est pas vraiment en terrain inconnu. Cette solution est intéressante dans la mesure où elle accentue les liens familiaux. En plus elle ne vous coûte rien. C'est la plus économique. Les grands-parents ne peuvent cependant pas toujours prendre leurs petits-enfants toutes les vacances. S'occuper d'enfants est fatiguant, surtout à partir d'un certain âge où l'on n'a plus autant d'énergie qu'avant. Et puis ils ont peut-être d'autres petits-enfants. Et ne peuvent prendre les vôtres qu'à tour de rôle. Il faut prévoir d'autres solutions.

## LES CENTRES DE LOISIRS

Proposés par les mairies, la plupart des centres aérés ou centres de loisirs sans hébergement (CLSH) accueillent les enfants dès 4 ans et les réunissent par classes d'âge. Leur coût est relativement peu élevé car subventionné par les municipalités. Tout au long de la journée, des animateurs qualifiés proposent des activités manuelles, sportives, culturelles adaptées au rythme et à l'âge de chacun. Votre enfant va s'amuser tout en apprenant à respecter les consignes de la vie en groupe. Les activités proposées sont variées. Elles dépendent de la météo, de l'environnement et des compétences des animateurs. Votre enfant pourra faire du sport, de la peinture, du poney, etc. Vous pouvez vous procurer les plannings d'animation préparés à l'avance par l'équipe et choisir avec lui ce qui lui fait envie. Les animateurs sont diplômés au minimum du BAFA (brevet d'aptitude à la fonction d'animateur). Les centres de loisirs ouverts toute la journée accueillent les enfants du matin au soir. Le rythme peut être fatigant pour les plus petits, mais les horaires sont en général assez souples. Chaque centre possède des structures d'accueil adaptées aux rythmes biologiques des jeunes enfants. La sieste et le temps calme sont des moments privilégiés de la journée qui permettent à votre enfant de se reposer.

Pour les plus jeunes, privilégiez un centre dont le temps d'accueil du matin est suffisamment large pour que votre petit ne soit pas bousculé. Allégez sa semaine, en lui proposant, si c'est possible, de n'y aller qu'une demi-journée. Donnez-lui l'envie d'aller au centre de loisirs. Faites un repérage avec lui un peu avant pour qu'il rencontre l'équipe et qu'il découvre les lieux. Repérez les autres enfants qui vont au centre. Il y retrouvera peut-être des copains ou des petits voisins qu'il connaît.

## LES COLONIES DE VACANCES

Les colonies de vacances restent souvent des souvenirs mémorables pour les enfants. À chaque âge, les bénéfices retirés sont différents. Chaque année, ils sont cinq millions de jeunes de 3 à 18 ans à s'y rendre. C'est un moment privilégié pour découvrir la vie en collectivité mais aussi un instant de partage entre amis. Dans le but de correspondre au mieux à chaque enfant, il existe différentes offres de séjour : les séjours itinérants, à l'étranger ou bien à la mer, à la montagne ou même la campagne. Les séjours à thèmes (musique, activité sportive, archéologie) sont également très prisés.

## À partir de quel âge peut-on les inscrire ?

Dès l'âge de 4 ans, un enfant peut partir en centre de vacances. Pour une découverte en douceur de la vie en collectivité, il est plus prudent d'opter pour un accueil proche du domicile, de choisir une courte durée (une semaine) et de l'envoyer avec un petit camarade. Les colonies pour tout-petits (4-6 ans) sont appelées centres maternels. Ces mini-infrastructures s'organisent autour d'activités liées à la découverte de la nature et des animaux. Elles sont dotées d'une réglementation particulière (arrêté du 26 mars 1993) : mobilier sans angles vifs, sanitaires adaptés, cache-prises, et surtout taux d'encadrement porté à un animateur pour cinq ou six enfants, selon l'activité.

- Ne l'inscrivez pas sans lui en avoir fait part auparavant ! Soumettez-lui d'abord l'idée, puis laissez-le réfléchir quelques jours, voire quelques semaines. La décision doit se prendre ensemble. Si c'est un non catégorique, ne le forcez pas. Ce sera peut-être pour l'année prochaine !

- Attendre son sixième anniversaire semble plus raisonnable pour expérimenter les vacances loin de papa et maman. C'est aussi à cet âge que l'école les emmène en classe de neige ou en classe verte… Partir une première fois seul, dans le cadre d'une colo, peut l'aider à apprécier les séjours organisés par la maîtresse.

- Pour une première fois, préférez les courtes durées (une semaine maximum). En revanche, si c'est un habitué des colos, une, deux ou trois semaines, voire un mois entier… tant qu'il s'y sent bien, c'est l'essentiel.

- À partir de 12-13 ans, votre enfant commence à traîner un peu des pieds quand on lui parle de vacances familiales dans la maison de campagne ou chez les grands-parents. C'est tout à fait normal, et même souhaitable, car cela signifie qu'il devient autonome.

- Pour les 12-16 ans, les séjours à thème sont l'idéal. Camps nature, stages sportifs… À cet âge charnière où l'on n'est plus un « bébé », la meilleure solution consiste à les confier à un organisme qui propose des activités particulièrement bien encadrées…

- Après 16 ans, l'adolescent rêve de partir seul et d'organiser des vacances entre copains. Partir seul, c'est un peu tôt tant qu'il n'est pas majeur. Il est possible de trouver une solution intermédiaire : mise à disposition par exemple d'une résidence secondaire par les parents d'un des copains. Autre solution, lui proposer un séjour encadré comme un séjour linguistique ou un séjour à thème (astronomie, plongée…), mais solution plus onéreuse qui ne convient pas à tous les budgets malgré l'aide de la CAF ou des comités d'entreprise.

## *Où se renseigner ?*

Il existe un vaste choix proposé par des organismes qui ont une couverture nationale (UFCV ou UCPA par exemple), des mairies, paroisses, comités d'entreprise ou même de simples particuliers. Assurez-vous que l'organisme dispose d'un agrément Jeunesse et Sports et qu'il est en règle avec la législation (directeur et moniteurs diplômés et en nombre suffisant : un animateur pour dix enfants et un pour cinq ou six dans les centres de vacances maternels). Les meilleurs rapports qualité/prix sont souvent ceux des communes et des comités d'entreprise, qui bénéficient soit d'une participation financière, soit de tarifs négociés. C'est là que vous ferez vos premières demandes de catalogue.

- Le bouche-à-oreille : le mieux est encore d'en parler autour de vous. Vous avez certainement parmi vos amis des parents dont les enfants sont déjà partis en colonie. Fiez-vous à leur expérience et suivez leurs recommandations.

- Votre comité d'entreprise : s'il propose des colonies de vacances, il travaille certainement avec les mêmes organismes depuis longtemps et pourra vous guider dans votre choix.

- Votre mairie : elle organise certainement des séjours. Les tarifs sont souvent très intéressants, mais il faut vous y prendre à l'avance.

- La CAF : votre caisse d'allocations familiales peut aussi vous proposer une liste de centres, sous certaines conditions de ressources.

- D'autres organismes : vous pouvez enfin contacter l'Union nationale des associations de tourisme (UNAT) ou le centre d'information et de documentation jeunesse, le CIDJ, qui édite fin mars une brochure détaillant toutes les formules de vacances pour enfants et la réglementation en vigueur.

# Des solutions pour mieux gérer le quotidien

## UTILISEZ LES SYSTÈMES D'ENTRAIDE ET DE SOLIDARITÉ

Quand les enfants sont plus grands, il faut également s'adapter à leur emploi du temps scolaire qui ne correspond pas toujours à votre emploi du temps professionnel. Avant qu'ils soient suffisamment grands et autonomes pour gérer leurs déplacements tout seuls, vous devez avoir une organisation fiable afin qu'ils soient pris en charge. Accompagner les enfants à l'école, à leurs activités le mercredi, être là à 18 heures pour la sortie de l'étude n'est pas toujours facile à conjuguer avec des horaires de bureau. Prendre une baby-sitter ne rentre pas forcément dans votre budget. Cela peut aussi ne pas correspondre à vos besoins. Par exemple, si vous rentrez à 18 h 30, vous aurez du mal à trouver quelqu'un pour seulement une demi-heure tous les soirs. Les écoles municipales maternelles et élémentaires proposent en général un service de garderie. Un centre d'accueil est organisé le matin à partir de 7 h 30 et le soir jusqu'à 19 h 00, afin d'aider les parents dont les horaires de travail ne correspondent pas aux horaires scolaires. Renseignez-vous auprès de l'école de votre enfant ou de votre mairie. Il peut également exister dans votre commune des associations d'entraide aux familles qui vous aideront à trouver des solutions. N'hésitez pas à les contacter !

## PARTAGEZ LES ACCOMPAGNEMENTS À L'ÉCOLE : LE PÉDIBUS !

En maternelle et en élémentaire, l'école commence en général selon les communes à 8 h 30 ou 9 heures. Accompagner ses enfants à l'école tous les matins n'est pas toujours conciliable avec votre travail. Ou même si cela est faisable, c'est la course pour arriver à l'heure au bureau, il vous faut courir pour attraper votre bus ou votre train. Vous commencez vos journées en étant déjà stressée avant même d'arriver sur votre lieu de travail. Dans un souci essentiellement écologique, de nombreuses communes ont ainsi mis en place un système de ramassage scolaire très inventif : le pédibus ! Le pédibus parfois appelé bus pédestre ou trottibus, est un mode de ramassage scolaire qui existe dans le monde entier. Son objectif principal est de limiter le recours inutile à l'automobile. Mais il peut aussi vous faciliter la vie en partageant les accompagnements de votre enfant à l'école avec d'autres parents. Il consiste à convoyer les enfants sur le trajet domicile-école. Comment ça marche ?

- Les parents d'un même quartier s'organisent pour former un groupe d'accompagnateurs avec l'aide de la ville ou l'école.

- Les jours d'école, les parents accompagnent leur(s) enfant(s) jusqu'aux arrêts et attendent jusqu'à l'arrivée de la caravane. Les arrêts sont matérialisés à des endroits déterminés sur le trajet de l'école et à un horaire précis. Un adulte accompagnateur appelé « conducteur » ouvre la route et indique les haltes ou les traversées de voies. Derrière lui les enfants avancent en file. À l'arrière un autre adulte veille au bon déroulement du convoi. Ainsi les enfants se déplacent à pied, encadrés par deux parents équipés de gilets jaunes fluo fournis par la mairie.

- Une fois le ramassage fait, la caravane arrive à bon port à l'école. Plusieurs lignes peuvent desservir la même école. Les parents des enfants inscrits au pédibus se relaient pour accompagner les enfants. Par exemple, vous vous engagez à accompagner les enfants inscrits dans votre quartier tous les lundis matins avec un autre parent. Les autres jours, ce sont les autres parents relais qui accompagneront votre enfant. Il est plus facile de faire accepter à son employeur que l'on arrivera une demi-heure plus tard un matin par semaine que tous les matins ! De plus votre enfant sera ravi de partir à l'école avec ses petits copains, et vous savez qu'il est en sécurité encadré par deux adultes. En France, les distances des lignes vont de 250 mètres à 1 700 mètres. En 2007, en France, on comptait plusieurs centaines de lignes en fonction au quotidien dans de nombreuses villes : Angers, Roubaix, Lyon et le Grand Lyon, Caen, Rennes, Tremblay-en-France, Taverny, Saint-Étienne et son agglomération, Bourg-lès-Valence, Versailles, Suresnes… De plus, ces pédibus évitent les embouteillages et le stationnement sauvage aux alentours des écoles, réduisant ainsi le risque d'accident. Renseignez-vous auprès du service environnement de votre commune. Et s'il n'existe pas de pédibus, pourquoi ne pas créer, avec le soutien de votre mairie, une ligne dans votre quartier.

## PARTAGEZ LES SERVICES ET ENTRAIDEZ-VOUS !

Aider aux devoirs, récupérer son enfant à l'école, l'accompagner à ses activités, aux anniversaires de ses amis… toutes les mamans ont les mêmes soucis quand les enfants grandissent. Ils prennent de l'autonomie certes, mais ont aussi besoin d'être encadrés. Pour vous faciliter la vie, n'hésitez pas à vous grouper entre parents d'un même quartier. Votre petit Jean est fan de foot et vous tanne pour que vous l'inscriviez au club de foot comme son copain Lucas le mardi soir… Mais vous ne savez pas comment faire pour l'accompagner. Pourquoi ne pas vous arranger avec d'autres parents ? En se groupant vous pouvez limiter les accompagnements à une fois par mois. C'est déjà plus facile à gérer.

Renseignez-vous auprès des associations sportives et culturelles mais aussi auprès de vos voisins ou des parents des amis de vos enfants. De nombreuses solutions d'entraide et de partage existent sûrement près de chez vous sans que vous le sachiez. Elles peuvent vous simplifier la vie ! Les associations de parents d'élèves peuvent aussi vous donner des informations utiles. Elles ont en général les coordonnées des associations de bénévoles qui font de l'aide aux devoirs dans votre commune par exemple. Elles pourront également vous mettre en contact avec d'autres parents avec qui échanger des services. Renseignez-vous auprès de l'école de votre enfant ou de la mairie. Il existe en effet dans la plupart des communes des associations de bénévoles qui portent assistance aux familles : des retraités, étudiants, etc. sont à votre disposition pour vous aider. N'hésitez pas à faire appel à eux !

Partie **3**

# DES SOLUTIONS D'AVENIR

Concilier la vie privée et la vie professionnelle des salariés est devenu une question qui préoccupe aussi les entreprises. Ainsi, plus de 6 % des entreprises françaises (13 % de celles employant plus de cinq cents salariés) proposent aujourd'hui des services à leurs salariés sur leur lieu de travail, qu'il s'agisse de crèches d'entreprise ou de conciergeries d'entreprise. On sait qu'en facilitant la vie quotidienne de ses salariés une entreprise gagne en productivité et efficacité. En outre, des aides de l'État sont offertes à ces entreprises. Alors pourquoi ne pas mettre votre entreprise à contribution et créer ces services qui ne sont pas réservés qu'aux grandes entreprises ?

# Chapitre 5

# Créer une crèche interentreprise

Les entreprises prennent de plus en plus conscience que les problèmes de garde des enfants nuisent à l'efficacité de leurs salariés : ils peuvent occasionner des retards répétés, une augmentation de l'absentéisme, voire dans certains cas la non-réintégration de l'entreprise des salariées à la fin du congé maternité. Fortes de ce constat, pour valoriser leur image de marque et faciliter la vie de leurs salariés, de plus en plus de sociétés proposent à leur personnel un service de crèche. La création d'une crèche d'entreprise est en effet une des réponses aux besoins des salariés de concilier vie professionnelle et vie privée. La mise en place d'un tel service doit permettre de favoriser le bien-être des salariés afin qu'ils soient détendus, notamment face aux problèmes de garde d'enfants. Il permet également aux entreprises de fidéliser leurs collaborateurs. On en compte actuellement près de trois cents en France, cependant, sachez que si vous êtes plusieurs dans votre société à souhaiter la mise en place d'une telle structure, vous pouvez solliciter votre comité d'entreprise qui formulera une demande à votre employeur.

**Un plébiscite général de la part des parents**

Ce mode de garde est largement plébiscité pour sa flexibilité par les salariés. Les mamans sont favorables à ce mode de garde à 84 % ! (étude TNS Sofres réalisée pour le magazine *Parents*). À la question « Si vous aviez le choix entre la crèche d'entreprise et des allocations plus importantes ? », 55 % des mamans de jeunes enfants choisissent la crèche d'entreprise (et 35 % les allocations plus importantes). Les mères qui vivent dans les grandes villes sont encore plus nombreuses (61 %) à préférer les crèches d'entreprise. Dans l'ordre des avantages déclarés par les mères salariées, arrive en premier la proximité géographique : les mamans de bébés âgées de 0 à 4 ans peuvent ainsi aller voir leur bébé quand elles le veulent, à l'heure du déjeuner par exemple. Cet avantage a été particulièrement exprimé par les mères aux horaires de travail difficilement modulables (75 % des cadres supérieurs le citent).

Ensuite la gestion du temps : il s'agit d'une préoccupation plus grande pour les mères des bébés âgés de 0 à 6 mois : 55 % d'entre elles citent cet atout. Près du quart des mamans (23 %) citent la sérénité de ne pas avoir à courir après un mode de garde.

Enfin, 18 % évoquent le coût.

# Deux solutions

La **crèche interne** est une structure créée au sein de l'entreprise. C'est un projet relativement lourd puisqu'il demande cinq ans de préparation en général. Il est également coûteux car il exige la présence d'une trentaine d'enfants pour être rentable. Il est plus adapté aux grandes entreprises qui ont davantage les moyens de mettre en place leur propre crèche.

Pour les plus petites entreprises, il est plus simple d'opter pour la solution de la **crèche interentreprise**, créée en partenariat avec d'autres sociétés environnantes ou avec des collectivités locales. La crèche interentreprise est plus souple, plus simple, rapide à mettre en place (en un ou deux ans) et souvent moins coûteuse. En outre, depuis 2004, l'État soutient, par des aides financières, le développement de ces crèches privées. C'est en effet, l'occasion de proposer un vrai service à valeur ajoutée aux salariés. Pourquoi ne pas en mettre une en place dans votre entreprise ? Pour convaincre votre employeur, le mieux est de bien connaître votre sujet. Quels coûts pour l'entreprise ? À qui s'adresser ? En lui présentant un projet bien monté, vous aurez plus de chance d'obtenir son aval. N'hésitez pas à vous mettre à plusieurs. D'autres salariés seraient certainement intéressés par un tel projet. Voici les principales clés pour monter votre dossier.

## Comment fonctionne une crèche interentreprise ?

C'est une structure d'accueil des enfants agréée par le conseil général. Elle peut accueillir les enfants des salariés à plein-temps, temps partiel, voire en accueil d'urgence lorsque la nourrice ou la solution de garde habituelle est soumise à un imprévu. Elle accueille les enfants de 3 mois à 4 ans et peut même prévoir l'accueil des enfants de 4 à 6 ans le mercredi et pendant les vacances scolaires. C'est un service pour faciliter la vie des salariés : des horaires d'ouverture définis selon leurs besoins et un service de proximité, la crèche étant généralement dans ou proche de l'entreprise. La crèche peut être ouverte aux salariés des entreprises partenaires, clients et fournisseurs, voire aux enfants de la commune sur laquelle elle est implantée. Aspect non négligeable, elle n'est pas gérée par la ou les entreprises à l'origine de sa création qui se contentent d'apporter leur soutien financier. C'est une structure indépendante qui est responsable de la gestion et du fonctionnement de la crèche. Elle assure l'intégralité des aspects administratifs et financiers concernant la crèche : elle fait valider les comptes par un commissaire aux comptes et établit tous les mois les fiches de paie du personnel salarié de la crèche. La direction de la crèche assure la gestion des inscriptions, des plannings et de toutes les relations avec les parents, l'encadrement et le suivi pédagogique.

## LES AVANTAGES À METTRE EN AVANT

### Pour l'entreprise

Véritable avantage social pour le salarié, la crèche interentreprise présente aussi de nombreux intérêts pour l'employeur, au-delà de l'image jeune et dynamique qu'elle véhicule avec ce service à valeur ajoutée. Avec le développement des horaires à temps partiel ou atypiques, il devient de plus en plus compliqué pour le salarié de concilier vie professionnelle et vie privée. Fournir ce type de prestation est souvent un avantage compétitif majeur pour attirer et garder ses employés.

C'est aussi une solution pour améliorer l'égalité professionnelle entre hommes et femmes, et un atout non négligeable pour le recul des coûts cachés comme les retards au bureau ou l'absentéisme. C'est une solution pour améliorer la productivité, les salariés sont plus sereins par rapport à leurs enfants, moins stressés et plus disponibles.

### Pour les salariés

C'est un moyen de mieux concilier sa vie professionnelle et sa vie privée grâce à un service de proximité adapté à leurs besoins et à leur rythme. La crèche d'entreprise leur permet d'optimiser leur temps de transport. Elle apporte une diminution du stress, de la fatigue et une amélioration de l'efficacité et de la motivation au travail. Le coût est raisonnable pour les parents. C'est le même que dans les autres types de crèches, de 0 à 400 euros selon leurs revenus. Ils peuvent en plus bénéficier d'un crédit d'impôt pour 25 % des dépenses engagées plafonné à 2 300 euros.

## LE COÛT POUR L'ENTREPRISE ET LES AIDES FINANCIÈRES

Le budget d'une crèche est assuré par la contribution des parents, les compléments de la CAF et la participation de l'entreprise. En outre, depuis la loi de finance 2004, différentes aides favorisent la création de crèches interentreprises et en diminuent le coût. Il faut distinguer les frais de création et les frais d'exploitation de la crèche.

## Les frais de création

L'ouverture d'une place de crèche coûte de 12 000 euros à 14 000 euros. Mais les aides à l'investissement versées par les caisses d'allocations familiales (CAF) permettent une prise en charge de 40 % à 80 % des frais de création. Cette aide est plafonnée à 10 000 euros par place créée et varie en fonction des degrés d'innovation pris en compte dans la conception de la structure, du nombre de places créées, du montant des travaux…

## Les frais de fonctionnement

Le coût d'exploitation d'une place coûte entre 10 000 et 12 000 euros par an en moyenne, soit pour une crèche de trente places environ 300 000 euros. Il est couvert à 66 % par la participation des parents et le complément de la CAF. Le solde restant à la charge de l'entreprise qui peut bénéficier de différentes aides :

- depuis 2004, le dispositif « contrat Enfance-Entreprise » permet aux entreprises qui créent une crèche pour leurs salariés ou qui réservent des places dans une structure externe de recevoir une subvention de la caisse d'allocations familiales (CAF). Cette subvention versée directement à l'entreprise intervient à hauteur de 55 % des sommes engagées par l'entreprise chaque année ;

- les entreprises peuvent également bénéficier d'aides fiscales qui diminuent leur participation à 13,9 % du coût d'exploitation. Tout d'abord, les dépenses de l'entreprise pour le fonctionnement de la crèche sont déductibles des résultats imposables, soit une économie d'environ 3 000 euros. D'autre part, il est possible d'appliquer un crédit d'impôt (crédit d'impôt famille) de l'ordre de 25 % de la somme non financée par la CAF (soit 8,5 % des frais d'exploitation, c'est-à-dire environ 750 euros).

*In fine*, le coût pour l'entreprise est de l'ordre de 1 500 à 2 000 euros par an et par place en crèche (2 000 à 2 500 euros dans le cas d'une crèche construite avec l'aide d'un cabinet de conseil). Cela correspond environ à 150 à 200 euros par mois par salarié ayant un enfant placé. Une dépense à peu près similaire à ce que peut consentir une entreprise qui fournit une voiture de fonction ou un restaurant d'entreprise à ses salariés. Enfin, les comités d'entreprise, mairies, conseils généraux peuvent également apporter des aides financières complémentaires.

**Exemple :** Pour une structure de quarante places, fonctionnant cinq jours par semaine de 7 heures à 20 heures et fermée pour congés 5 semaines sans participation des collectivités territoriales au fonctionnement, mais avec un contrat Enfance-Entreprise, la charge de l'employeur en trésorerie est de 3 760 €/an/enfant soit 1 500 euros net après défiscalisation.

## LE COÛT POUR LES EMPLOYÉS BÉNÉFICIAIRES

Pour l'employé, le coût est exactement le même que s'il avait placé son enfant dans une crèche collective « classique ». Le tarif est fixé selon un barème établi par les CAF. Il est calculé en fonction des revenus de la famille et du nombre d'enfants à charge. Il est soit versé directement au réseau de crèches, soit à la direction de la crèche gérée par le biais d'une association. Quoi qu'il en soit, ces frais ne sont jamais prélevés directement sur le salaire des salariés bénéficiaires. Le salarié économise un trajet aller/retour puisqu'il est sur place. Il bénéficie aussi des mêmes avantages fiscaux que pour les autres modes de garde d'enfant : une réduction d'impôt de 25 % des sommes versées dans la limite de 2 300 euros par an et par enfant, ce qui fait une réduction maximale de 575 euros par enfant gardé.

# Comment procéder ?

## LANCER L'IDÉE

En tant que parent salarié vous pouvez être à l'origine du projet ou en tout cas le suggérer au service des ressources humaines ou du personnel ou au comité d'entreprise. Il faut d'abord identifier les besoins du personnel, recenser le nombre d'enfants de moins de 3 ans. Puis monter un dossier contenant l'ensemble des éléments pour la construction et la mise en place du projet (devis, plans, projet pédagogique et d'établissement…), qu'il faudra présenter aux partenaires sociaux (CAF, mairie, conseil général) afin d'obtenir les autorisations.

## FAIRE APPEL À UN PRESTATAIRE

Pour créer une crèche interentreprise, le moyen le plus simple est de s'adresser à un prestataire externe. Il s'occupe de la faisabilité du projet, gère l'ensemble des démarches auprès des administrations et la réalisation de la crèche (choix du local, travaux, achat du mobilier, recrutement du personnel…). Il prend aussi souvent en charge la prospection des entreprises et collectivités alentours pour réunir le quorum nécessaire à la création de la crèche.

Tout d'abord, **le réseau de crèches**. Il s'agit d'entreprises qui gèrent elles-mêmes des crèches. Elles vous apportent un projet « clef en main ». Ainsi, elles gèrent votre projet du début à la fin, gestion de la structure comprise :

étude de la possibilité de créer la crèche, prise en charge de tous les investissements initiaux, gestion de la crèche si le projet aboutit. Le réseau est rémunéré pour sa prestation par l'entreprise et par les salariés qui profitent de la crèche. Tous les bénéfices réalisés reviennent à ce réseau. Les entreprises signent en général des contrats de trois ans. S'il existe des frais d'entrée dans le projet, afin de rémunérer le travail d'étude et de prospection, il n'y a pas d'investissement initial, c'est le prestataire qui supporte les risques.

Le deuxième type de prestataire qui existe sur le marché est le **cabinet de conseil**. Ces sociétés sont là pour vous conseiller dans votre projet de création : étude de faisabilité, prospection d'organismes ou d'entreprises partenaires, elles participent à la création de la crèche. À la différence des réseaux, ils n'agissent qu'en tant que conseil et ne sont pas gestionnaires des crèches. Les entreprises qui ont un projet de crèche constituent une association. Elles passent ensuite un contrat avec le cabinet de conseil afin de définir quelles prestations il effectuera (audit, construction, recrutement, démarches administratives, budget...). S'il ne gère pas directement la crèche, le cabinet de conseil peut toutefois apporter une aide à la gestion de la crèche mais celle-ci ne lui appartient pas, elle reste entière propriété de l'association. C'est aussi l'association qui prend en charge les investissements initiaux pour la création de la crèche. Il faut compter environ 800 000 €, voire plus. Ces cabinets proposent ainsi après l'étude du dossier un service personnalisé sur mesure : suivi du dossier, obtention des autorisations et agréments, aide à la gestion et création juridique de la crèche. Ils peuvent même superviser les travaux d'aménagement et gérer le recrutement de l'équipe.

## La marche à suivre

La création d'une crèche interentreprise prend de six mois à un an et demi et comprend différentes étapes.

## L'étude de faisabilité et de financement

### Étude des besoins

Il faut dans un premier temps communiquer auprès du personnel de l'entreprise sur le projet de création d'une crèche. Cela vous permettra de déterminer les besoins actuels et à venir de l'entreprise et des salariés en termes de places, tout en prenant en compte l'évolution prévue des effectifs (nombre, âge moyen) en fonction de la pyramide des âges du personnel. Il vous faudra également déterminer les horaires d'ouverture et de fermeture, les modalités de fonctionnement que devrait avoir la crèche en cas de création.

**Où la crèche interentreprise peut-elle être implantée ?**

Les crèches d'entreprise se créent aussi bien dans les grandes villes (crèche mono-entreprise ou interentreprise) qu'en milieu rural. Le plus souvent dans les milieux ruraux c'est sous la forme de crèche partenariale. Elle accueille alors les enfants des habitants de la commune et ceux des salariés de PME locales. Plusieurs variantes d'accueil peuvent être proposées selon les structures (par exemple : halte-garderie et crèche). Ce type de crèche rassure l'entreprise et la CAF sur la pérennité du projet. Les salariés, quant à eux, apprécient en général qu'il y ait une mixité avec les gens du quartier. Enfin, les crèches partenariales ont l'avantage de permettre un mode de garde très souple, qui s'adapte au tissu économique local. Les horaires qui vont généralement de 8 heures à 20 heures mais peuvent ainsi être adaptés en fonction des horaires de la société. Par exemple, ouverture le samedi, amplitude des heures d'ouverture dès 7 heures le matin ou jusqu'à 22 heures le soir.

**adresses utiles**

**Différents prestataires de crèches interentreprises**

Plusieurs structures proposent leurs services pour la création et la gestion de crèches d'entreprise :

• Babilou : 45, boulevard Georges-Clémenceau, 92400 Courbevoie – Tél. : 01 41 49 96 50 – www.babilou.com ;

• Créa-crèche-conseil : 27 bis, rue Louis-Rolland, 92120 Montrouge – Tél. : 01 55 58 00 40 – Fax. : 01 47 46 84 55 – www.crea-creche-conseil.com ;

• Bébébiz : 61, bd Lazare-Carnot, 31000 Toulouse – Tél. : 05 34 60 89 47 – Fax : 05 34 60 89 41 – www.bebebiz.fr ;

• People and baby : 16, avenue Hoche, 75008 Paris – Tél. : 01 58 05 18 70 – www.people-and-baby.com ;

• Crèches 123 Soleil : 1, rue du Pic-au-Vent, 59810 Lesquin – Tél. : 03 59 09 37 39 – Fax : 03 20 32 19 82 – www.creche123soleil.online.fr ;

• Crèche Attitude : 35 ter, avenue Pierre-Grenier, 92150 Boulogne – Tél. 01 46 94 91 91 – www.creche-attitude.fr/ ;

• Crèches de France : 31, bd de la Tour-Maubourg, 75007 Paris – Tél. : 01 44 11 74 78 – www.crechesdefrance.com/ ;

• Les petits chaperons rouges : allée Jean Prouvé 92110 Clichy – Tél. : 01 41 40 81 81 – Fax : 01 41 40 81 80 – www.lpcr.fr ;

• Tout petit monde : 49/51, avenue Marceau, 92400 Coubevoie – Tél. : 01 71 11 39 10 – Fax : 01 71 11 39 11 – www.toutpetit-monde.com/ ;

• IZIY – Les enfants d'abord ! : Espace Performance, Bât A1, 35769 Saint-Grégoire Cedex – Tél. : 02 99 23 92 39 – Fax : 02 23 25 09 95 – www.iziy.fr/.

## Étude de disponibilité des locaux

Une fois que vous aurez pris connaissance de vos besoins, il vous faudra décider si la crèche sera située à l'intérieur ou à l'extérieur de l'entreprise. Dans le second cas, qui concerne en général les crèches interentreprises, il faudra étudier les différentes disponibilités foncières et immobilières et les possibilités de créer ou d'aménager des locaux. Vous devrez considérer les solutions existantes localement et les accords envisageables avec les partenaires locaux. Il est aussi possible de choisir de participer au financement d'une crèche municipale, départementale ou familiale permettant de réserver un quota de berceaux pour les salariés de votre entreprise.

## Décision quant à l'organisation juridique

Il faut ensuite choisir une structure pour votre crèche. La crèche sera-t-elle intégrée à la société ? Fera-t-elle l'objet d'une création d'association ? Aura-t-on recours à un opérateur externe ? À partir de ce stade vous devrez être en mesure de réaliser deux budgets prévisionnels : l'un concernant la création de la crèche, l'autre son fonctionnement. Il faudra tenir compte des nombreuses subventions qui peuvent vous être attribuées.

### Le montage et la présentation du dossier

Avant de décider de mettre en place la crèche, vous devrez monter un dossier contenant un certain nombre d'éléments :

- l'ensemble des devis relatifs à la création et à l'aménagement ;
- les plans détaillés de la conception architecturale de la structure ;
- les données techniques (normes de sécurité et d'hygiène, plan d'aménagement…) ;
- le projet pédagogique ;
- le projet d'établissement ;
- le règlement intérieur.

Le dossier finalisé sera alors présenté à l'ensemble des partenaires (CAF, mairie, conseil général et conseil régional) afin d'obtenir l'agrément et de pouvoir bénéficier des subventions existantes (d'investissement et de fonctionnement).

**Interview :** Maïlys Cantzler, présidente de la société Crèche Attitude à Boulogne-Billancourt (92).

*L'initiative de création de crèche interentreprise vient-elle souvent d'une demande des salariés ?*

MC : Les salariés prennent rarement contact directement avec nous. C'est plutôt la direction de l'entreprise qui fait appel à nos services. Mais les salariés sont souvent à l'origine de la demande auprès de leur employeur.

*Comment un salarié peut-il procéder pour inciter à la mise en place d'un tel projet ?*

MC : Les salariés ont intérêt à s'adresser à la direction des ressources humaines plutôt qu'aux comités d'entreprise. Car les comités d'entreprise ne bénéficient pas du crédit d'impôt famille. Ce crédit d'impôt permet à l'entreprise de déduire un quart des sommes versées pour l'exploitation de la crèche de leur impôt sur les sociétés.

*Les PME peuvent-elles mettre en place une crèche d'entreprise ?*

MC : Bien sûr il n'y a pas de taille minimum à avoir pour qu'une entreprise dispose de places en crèche pour ses salariés. Les petites et moyennes entreprises peuvent se regrouper afin de créer une crèche interentreprise. Par exemple, dans notre société nous avons vingt-cinq salariés qui partagent une crèche avec d'autres entreprises. Il est donc possible de créer tout type de structure. Ainsi la plus petite crèche que l'on ait créée compte seulement neuf places !

160

*Comment accompagnez-vous les entreprises qui souhaitent créer une crèche ?*

MC : Crèche Attitude propose un service complet commençant par l'étude des besoins de l'entreprise, puis tout le cycle de création d'une crèche et se terminant par la gestion de la crèche. Nous nous occupons également des étapes intermédiaires telles que la recherche des locaux, la réalisation des travaux, les demandes de subventions, etc.

*Combien cela coûte-t-il de faire appel à vos services ?*

Tout dépend du nombre de berceaux nécessaire. Le coût se situe entre 8 000 euros et 11 000 euros par berceau et par an. Mais les entreprises bénéficient d'aides financières qui varient de 2 500 à 6 000 euros par an et par berceau. L'entreprise qui est prête à engager des fonds pour la création d'une crèche doit mettre en face ce qu'elle va y gagner : moins d'absentéisme, plus d'efficacité de la part de ses salariés, moins de congés parentaux, etc.

# Chapitre 6

# Les conciergeries d'entreprise

Crèche, teinturerie, courses, réservations de billet, baby-sitter, coiffeur...
certaines entreprises allègent la vie quotidienne de leur personnel en
mettant en place des conciergeries.

Né dans les pays anglo-saxons où les comités d'entreprise n'existent pas, le
concept a été importé en France ces dernières années par plusieurs sociétés
qui connaissent une forte croissance. Votre linge repassé et livré sur votre
lieu de travail, le lavage de votre voiture sur le parking de votre entreprise,
la prise d'un rendez-vous chez le dentiste, le recrutement d'une nounou
ou encore les formalités de passeport à effectuer... La mission d'une
conciergerie d'entreprise est d'alléger les salariés de toutes les tracasseries
du quotidien afin de leur permettre de se concentrer sur leur travail. En
France, une dizaine de sociétés, essentiellement en région parisienne, se
partagent ce marché. Et seulement 1 % des salariés en bénéficient contre
30 % aux États-Unis. A-t-il vocation à s'étendre en France ?

## Comment ça marche ?

La conciergerie d'entreprise est une société qui offre une gamme de services
plus ou moins large pour les salariés d'une entreprise cliente sur leur lieu de
travail et/ou à leur domicile : costume à mettre au pressing, chaussures à

faire ressemeler, ourlet à coudre, courses de la semaine, billet de train ou de spectacle à retirer au guichet, baby-sitter, femme de ménage ou jardinier à trouver en urgence, paire de chaussettes ou kit de brosse à dent... Les salariés n'ont qu'à s'adresser à leur concierge qui se charge de répondre à leur demande. Tous les services susceptibles de ménager plus de temps libre aux salariés, de réduire leur stress et de contribuer à leur bien-être peuvent être proposés. Salon de coiffure et d'esthétisme peuvent même être à disposition de ces heureux salariés qui peuvent se faire faire, sans rendez-vous, un brushing à 8h00 ou à 20h00, un soin du visage ou un massage entre midi et deux, le tout sans quitter l'enceinte de l'entreprise. Les femmes et les célibataires sont d'ailleurs très demandeurs. Les salariés paient ces services au prix du marché ou à des tarifs préférentiels négociés par la conciergerie. L'entreprise, quant à elle, rémunère la société de conciergerie, en général sous forme d'abonnement. Différentes formules adaptées à chaque situation sont proposées par les sociétés de conciergerie.

## Des concierges sur place ou non !

On distingue plusieurs types de conciergerie. La conciergerie physique qui fonctionne grâce à un espace aménagé au sein de l'entreprise cliente. Les concierges, salariés de la société prestataire, peuvent être présents en continu ou seulement certains jours, avec une plage horaire fixe, pour répondre aux demandes des salariés. Cette formule est plus onéreuse et plutôt choisie par les grandes entreprises. La conciergerie téléphonique, qui permet d'accéder à certains services de renseignements et/ou de solliciter une prestation, via une plate-forme téléphonique, ou par Internet. Elle a un coût moins élevé pour l'entreprise et correspond mieux à la demande des PME. La conciergerie peut aussi faire partie d'un service proposé par le gestionnaire d'un immeuble de bureaux à l'ensemble de ses locataires, très grandes sociétés ou PME.

## DES CONTRATS PERSONNALISÉS

En général, les sociétés de conciergerie proposent des contrats sur mesure, adaptés à chaque entreprise. À cet effet, elles font souvent procéder à un audit des besoins du personnel pour déterminer la formule qui convient le mieux à l'entreprise cliente. Ainsi, une société embauchant une dominante de femmes avec enfants se verra proposer des prestations de garde et d'aide aux devoirs afin de diminuer l'absentéisme. Pour les salariés fréquemment en déplacement ou pour ceux fonctionnant en horaires décalés, les services ne seront pas les mêmes. Il peut également exister des bouquets de services pour l'ensemble des salariés et d'autres bouquets, plus haut de gamme, pour certaines catégories de personnel, incluant par exemple séances de massage, réservation de dîners d'affaires ou stockage de vins. L'entreprise cliente verse à la conciergerie un abonnement ou forfait mensuel fixe, dont le montant varie en fonction des prestations proposées. Il faut compter en général entre 5 et 10 euros par mois et par employé. Ce coût diminue selon la taille de l'entreprise. Les salariés quant à eux ne paieront que les prestations qu'ils utilisent.

## LE TRAVAIL DES SOCIÉTÉS DE CONCIERGERIES

Les sociétés de conciergerie s'engagent à fournir les services demandés par les salariés de l'entreprise cliente dans les plus brefs délais. Pour cela, elles font appel soit à un personnel qualifié, soit à des sociétés partenaires rigoureusement sélectionnés. La société de conciergerie peut, en effet, fournir elle-même la prestation demandée. Elle embauche alors des intervenants. Elle peut aussi intervenir en qualité de mandataire, c'est-à-dire comme simple intermédiaire. Elle met alors en relation le client et les prestataires de service qu'elle sélectionne sur son propre carnet d'adresses.

## Quel intérêt pour l'entreprise ?

Les motivations des entreprises qui ont recours à une conciergerie sont multiples. Il s'agit bien sûr de fidéliser leurs salariés ou d'attirer de nouveaux talents. L'entreprise qui dispose d'une conciergerie prend nécessairement de la plus-value aux yeux de ses salariés et soigne son image de marque. Mais c'est aussi un outil de stratégie de ressources humaines qui permet de limiter l'absentéisme de courte durée, voire d'inciter les salariés à travailler plus. Par exemple, un salarié qui dispose de ce type de service n'empiétera pas sur sa pause déjeuner ou ne quittera pas le bureau plus tôt pour aller faire ses courses, déposer sa chemise au pressing, faire la queue chez le cordonnier ou le retoucheur, etc.

## Les incitations fiscales

La loi du 26 juillet 2005 relative au développement des services à la personne, dite loi Borloo, a mis en place de véritables aides financières visant à inciter les entreprises et les salariés à utiliser ce type de services.

Tout d'abord, pour les salariés faisant appel au concierge, certaines prestations offertes par les conciergeries d'entreprises peuvent être **payées grâce à des chèques emploi-service universel (CESU)**. Il s'agit essentiellement des activités effectuées à domicile, comme les services d'entretien de la maison, des travaux ménagers, de jardinage, des prestations de petit bricolage dites « hommes toutes mains », des gardes d'enfant à domicile ou du soutien scolaire. Les prestataires sélectionnés par la conciergerie doivent alors disposer de l'agrément de la préfecture pour pouvoir être rémunérés avec des CESU. Sont exclues, à l'heure actuelle, les prestations qui sont « livrées » sur le lieu de travail (pressing, courses, lavage de voiture…).

D'autre part, les entreprises faisant appel à une conciergerie bénéficient d'un **avantage fiscal**. Il s'agit d'un crédit d'impôt de 25 % sur les aides qu'elles versent pour offrir aux salariés les services d'une conciergerie d'entreprise. Un dispositif similaire existe pour les crèches d'entreprise. Enfin, ces sommes sont déductibles de l'impôt sur les sociétés.

Par exemple : pour 100 euros de cofinancement d'une conciergerie, l'entreprise économisera 33 euros d'impôt sur les bénéfices et bénéficiera de 25 euros de crédit d'impôt. Le coût réel de l'abondement sera donc de 42 euros !

## à qui s'adresser ?

- Todotoday : 157, avenue Charles-de-Gaulle, 92200 Neuilly-sur-Seine (Paris) – Tél. : +33 1 46 37 86 00 – Fax : +33 1 46 37 86 10 – www.todotoday.fr
- Assisteo : 2A, rue Ducastel, 78100 Saint-Germain-en-Laye – www.assisteo.com
- Bien-Être à la Carte : 62, avenue de Saxe, 75015 Paris – Tél. : 01 53 58 73 00 – www.bienetrealacarte.com
- Golden Groom : Parc d'innovation d'Illkirch, rue Geiler de Kaysersberg Illkirch, Alsace, 67400 – Tél. : 0820 05 71 72 – www.goldengroom.com
- La 25ᵉ Heure : 68, rue d'Hauteville, 75010 Paris – Tél. : 01 78 09 75 33 – Fax : 01 42 47 13 93 – www.25emeheure.fr
- Transfert services : 9, rue de Chéroy, 75017 Paris – Tél. : 01 43 87 96 62 – Fax : 01 42 94 00 09 – www.transfertservices.com

**Interview :** Deborah Aringoli, directrice associée de la 25ᵉ Heure.

*Pourquoi les conciergeries d'entreprises sont-elles plus présentes dans les pays anglo-saxons qu'en France ?*

DA : C'est essentiellement une question de culture. Les Anglo-Saxons sont habitués depuis longtemps à faire appel à des sociétés de service dans leur vie quotidienne. En outre, en France, il existe les comités d'entreprise qui proposent déjà des services aux salariés. Il a donc fallu que les entreprises françaises comprennent comment mettre en place des services différents de ceux proposés par les comités d'entreprise.

*Justement, les conciergeries n'empiètent-elles pas sur le terrain occupé par les comités d'entreprise ?*

DA : Non, car les comités d'entreprise ne proposent que des services axés sur la culture et les loisirs. Alors que les conciergeries proposent des services davantage centrés sur la vie quotidienne des salariés, comme, par exemple, le pressing, les courses, les soins esthétiques... Il est cependant possible qu'une conciergerie soit mise en place de manière conjointe par le comité d'entreprise et l'entreprise.

*Quels sont les services les plus demandés par les salariés ?*

DA : C'est en premier lieu l'entretien du linge (repassage et nettoyage). Tout ce qui concerne l'esthétique a aussi beaucoup de succès notamment auprès des femmes. Il y a une forte demande pour des services comme la manucure, les soins du visage, l'épilation, les massages, etc. Dans ce cas, les esthéticiennes se déplacent sur le lieu de travail dans un espace dédié. Les soins ont lieu entre midi et deux. Cela permet aux salariés d'avoir accès à des services de bien-être qu'ils n'ont pas le temps de caser dans leur emploi du temps professionnel. Le service de lavage de voiture est également très demandé. C'est un véritable gain de temps pour les salariés qui n'ont pas à se déplacer. Leur voiture est lavée pendant leur temps de travail.

*Les services d'un concierge sont-ils accessibles aux PME et comment ?*

DA : La 25ᵉ Heure a en effet essayé d'ouvrir les services de ses concier-geries aux plus petites entreprises. Pour cela nous avons mis en place des solutions adaptées à leurs moyens. Il peut s'agir d'une conciergerie à temps partiel. Dans ce cas, le concierge n'est présent dans l'entreprise que certains jours mais le service est accessible tous les jours par télé-phone ou par Internet. Par exemple, le concierge n'est là que deux jours dans la semaine pour les services exigeant sa présence notamment quand il y a dépôt et réception. C'est le cas de la cordonnerie, du pres-sing, des services de retouche, de la remise des clés des voitures pour le lavage. Pour les petites entreprises, nous avons aussi créé des concier-geries uniquement à distance. Le bouquet de services proposé est alors différent : démarches administratives, organisation de voyage, de fêtes, services au domicile des salariés, etc. C'est un bouquet de services spécialement développé pour les petites entreprises, qui ne nécessite pas de présence sur place.

# Résultat du test

## Êtes-vous plutôt ☐, X ou O ?

| Question 1 | Question 5 |
|---|---|
| A : ☐ | A : ☐ |
| B : X | B : O |
| C : O | C : X |
| Question 2 | Question 6 |
| A : X | A : O |
| B : ☐ | B : X |
| C : O | C : ☐ |
| Question 3 | Question 7 |
| A : O | A : ☐ |
| B : ☐ | B : X |
| C : X | C : O |
| Question 4 | Question 8 |
| A : ☐ | A : X |
| B : X | B : ☐ |
| C : O | C : O ../.. |

| Question 9 | Question 12 |
|---|---|
| A : O | A : O |
| B : X | B : X |
| C : □ | C : □ |
| Question 10 | Question 13 |
| A : X | A : □ |
| B : □ | B : X |
| C : O | C : O |
| Question 11 | |
| A : X | |
| B : O | |
| C : □ | |

# Votre profil passé au crible

## VOUS AVEZ UNE MAJORITÉ DE □ – VOTRE PROFIL : 100 % PRO

Votre priorité, c'est le travail. Vous êtes passionnée par votre job, vos compétences sont reconnues et appréciées. Vous aimez que les rapports hiérarchiques soient bien définis, sans mélanger rapports professionnels et relations humaines. Vous avez de l'ambition, vous vous donnez tous les atouts pour faire évoluer votre carrière. Ce qui ne fait pas de vous une arriviste, seuls le mérite personnel et le travail entrent en ligne de compte.

Vous êtes une pro, mais attention à ne pas laisser votre job trop empiéter sur votre vie privée. La réussite n'est utile que si l'on a des proches avec qui la partager. Et gardez en tête que le travail est un moyen, pas une fin.

Sachez vous ménager des plages de plaisir en dehors de votre bureau, vous n'en serez que plus épanouie… et plus efficace !

## VOUS AVEZ UNE MAJORITÉ DE X – VOTRE PROFIL : LA FAMILLE AVANT TOUT

Vous avez clairement fait la part des choses : votre job n'est qu'un job, votre vie est ailleurs, dans un accomplissement personnel et familial qui passe avant tout. Votre couple et vos enfants sont prioritaires. Vous êtes une mère attentive, pas question de vous laisser emporter par les soucis du bureau. Cela dit, vous effectuez votre travail avec professionnalisme, dans les limites de ce qui vous est demandé, et vous avez des rapports cordiaux avec vos collègues.

Attention, cependant, à ne pas passer pour une dilettante, notamment auprès de votre direction. Il serait dommage que des opportunités d'évolution vous échappent, car l'on prend votre attitude pour un manque d'ambition. Essayez de vous impliquer davantage dans la vie quotidienne de votre société, vous en tirerez des bénéfices humains inappréciables, et un accomplissement personnel plus fort de jour en jour. Votre bureau n'est pas un bagne, vous pouvez y trouver un plaisir qui viendra compléter celui que vous tirez de votre vie privée.

## VOUS AVEZ UNE MAJORITÉ DE O – VOTRE PROFIL : LEÇON D'ÉQUILIBRISME

Vous avez établi un schéma harmonieux entre vos obligations professionnelles et votre vie personnelle. Tout est une question d'équilibre et de discipline, telle un funambule, vous avancez sur le fil que vous avez tendu entre votre domicile et votre bureau. Cela demande de réelles capacités d'implication émotionnelle, votre entourage le sait bien. Vous savez rester zen et ouvrir des portes quand il le faut pour gérer les situations de crise. À vous d'en tirer parti pour évoluer au sein de votre entreprise. Vous êtes une médiatrice hors pair, c'est un talent qui vaut de l'or.

Méfiez-vous cependant des apparences : à trop vouloir ménager la chèvre et le chou, vous éprouvez parfois des difficultés à établir des priorités. Sans forcer votre nature, n'hésitez pas à bousculer l'ordre établi pour imposer votre point de vue. Venant d'une modérée comme vous, cette initiative n'en aura que plus de force.

# Index